性愛心理師的

관계 디자인

大人親密必修課

教你從身體到心靈
都越做越愛

朴昭鈴 박소영　著　陳彥樺　譯

高寶書版集團

本書登場人名非實際人物本名，
為保護諮商者隱私，均以實際案例改編。

序言
人可以締結一段最親密的關係

　　1966 年威廉‧麥斯特（William Masters）與維吉尼亞‧強生（Virginia Johnson）共同著作《人類性反應》一書中，將人類性反應分為四個階段：興奮期－持續期－高潮期－消退期。後來，1974 年海倫‧卡普蘭（Helen Kaplan）改為：性慾期－性興奮期－性高潮期。

「原來你不愛我？」

　　然而，藉以多年的諮商與講座經驗，以及實際接觸到案例之後，我發現性反應第一階段應為「日常生活」，換句話說，性愛發生在平凡生活裡。比如，丈夫受到職場壓力；妻子獨自帶小孩而感到疲倦，再加上婆媳矛盾問題，這對夫妻百分之百是性冷淡。

　　有些夫妻在睡覺之前會出現這樣的狀況：男性說「今天做吧！」，女性回答「不要，下次再說」。就此結束彼此的對話。莫名被拒絕的男性，心靈上認為自己被拒絕的原因是對方不愛

自己了。於是，當女方發牢騷的時候，便怒回：「難道我對妳來說只是賺錢的機器嗎？」

　　這樣的情況你一定也聽過，即使夫妻大吵一架：「帶孩子都是我的責任嗎？難道孩子是我一個人就能生得出來嗎？」但事後一場熱情如火的夜晚，向另一半說：「親愛的，今夜你超棒。」先前吵的委屈也能通通消失，兩人也重回恩愛夫妻模式。

　　性愛，確實會影響日常生活。

身體上的問題與心靈上的問題

　　至於意識，會影響身體。我們對性的意識是什麼？身體說：「今晚想和另一半做愛」；意識卻說：「如果女性先開口會被看輕，所以要等男性先開口。」但假設對方未隨自己的意識，主動靠過來，自己默默在心中呼喚不成，就開始向不主動過來的對方發脾氣。過了一兩天，很快就一個月了，便開始擔心：「他是不是不把我當女人看了？」其實，女性只需要說一句：

「今晚我想和你做愛」就可以解決問題，但這句話竟是眾多對夫妻出現性冷淡問題的起點。你不說，即使是另一半，也不會完全懂你在想什麼。

我們餓的時候會吃飯，睏的時候會睡覺，人類三大欲求：食慾、睡意和性慾，其中食慾和睡意，這兩個欲求我們都知道該如何解決，如：有些人天生沒什麼食慾，一天只吃兩餐；有些人一天睡滿八小時才神清氣爽。那性慾呢？你知道自己的性慾多寡嗎？知道該如何解決嗎？食慾和睡意能夠一人自行解決，但性慾不同，除了自慰以外，需要兩人的相互作用。

但我們對性實在是太無知。小時候初學語言時，父母會教孩子：「這是眼睛、鼻子和嘴巴。這是手和腳。」此時，孩子比著生殖器，問：「媽媽這是什麼？」大部分的媽媽不會回答：「嗯，那裡是陰唇。」或「那裡是陰莖。」孩子看見父母緊張的樣子，自然學到：「原來那是不能問的地方啊！」孩子長大後，上課期間摸頭沒事，但若手伸進褲子裡磨蹭，立刻被老師約談，甚至找家長來學校一趟：「孩子看起來很焦躁……性方

面好像有問題。」

　　長期以來，我們是這麼學習身體知識的，但現在是該改變我們對性的認知意識，重新設計關係，打造彼此愉悅的關係。我的身體長什麼樣，摸哪一處覺得開心，以及身體各個部位互相有何影響，試著去探索吧！喚醒身體的知覺，傾聽身體的訴說吧！如果自己的身體在人際關係中感受到痛苦，但卻不知道其痛苦是怎麼發生，如：一個人單獨之下可以正常勃起，但只要接觸到對方就不行，這時候應該要找尋根本原因，表示身體已釋放警訊。現在讓我來協助大家傾聽這個警訊，明明相愛卻無法以身體表達的戀人或夫妻啊，希望本書可以成為你們變化的契機。

2021 年 6 月

朴昭鈴（박소영）

Contents

PART 1
無論何時，都想再感受一次

PART 2
親愛的，洗好了是什麼意思？

PART 1

無論何時，都想再感受一次

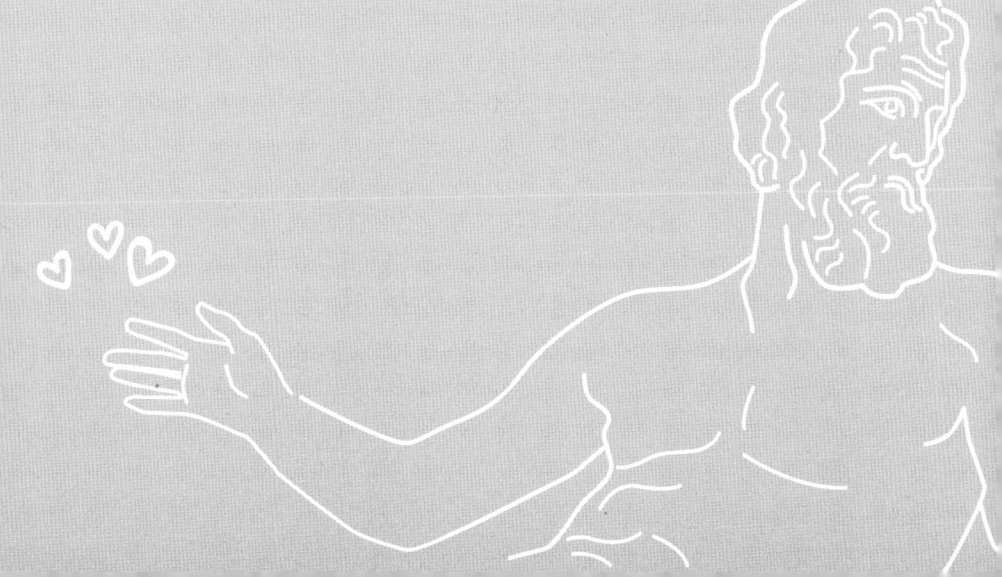

別賭自尊心在「時間」和「大小」上
——用數據看的性

撇除時代與國家，人類最火熱關心的話題是「性愛」。Google 搜尋性愛兩字，大約會出現 6,800 條相關搜尋結果。只不過，看到誰和誰交往，或看到昨夜兩人在一起的樣子，消息會快速傳開，但誰也都不提最重要的性愛話題。

談論他人的私生活雖然很不禮貌，但除了當事人以外，也沒人可以知道現場狀況，更無法知道別人都是怎麼「做」的，所以最好的方法是不八卦，但人的本性又非如此。想藉由與他人的比較取得優越感的心理，同樣適用於性愛方面。特別是男性，很在意誰的那邊比較大、誰做的比較久，或誰比較能滿足對方。但問題是這些在意與煩惱不單純是好奇，有些男性會發展成以下狀況：

◆ 偷偷搜尋，例如：男性的陰莖平均長度。

◆ 都是一些不可靠的資料，卻連下方留言都仔細觀看。

◆ 懷疑自己是否處於平均值以下，心情突然不好。

　　也是因為不安於「萬一我不能滿足對方怎麼辦？」的傳統觀念之下，男性有種無形壓力，認為性愛需由男性主導女性，滿足女性的需求，故特別在意自己的陰莖大小與長度，以及性愛技巧。（女性則在意自己的身材與陰道緊實度。）

　　一旦淪陷於這樣的想法，便會妨害兩人專注在做愛的行為上，彷彿以第三者視角在觀看自己的性關係。美國科學家威廉・麥斯特（William Masters）與維吉尼亞・強生（Virginia Johnson）將其狀態稱作「旁觀（spectatoring）」，係指「不能全神貫注在對方身上進行自我感受，而以第三人視角觀看性行為的樣子。」這樣的態度會養成我們對性愛產生恐懼，對彼此的性關係產生負面影響。彷彿自己不是拍電影的主角，而是觀賞電影的觀眾或評論家。

關於大小，真的重要嗎？

　　大部分的男性都是受到色情片的影響才會拿自己與他人的性愛做比較，造成自己的不安。試著回想色情片的畫面內容，畫面充斥著男性與女性的生殖器、女性興奮的聲音與表情、粗暴的活塞運動，以及射精動作，隱約導致我們學到錯誤的性知識，誤認為「性愛是使用生殖器進行活塞運動到最後射精的行為」。

　　若不能完成生殖器勃起、活塞運動和射精三行為，男性就會感到不安。因此，藍色小藥丸（勃起興奮劑）利用男性的這般心理，增加販售量，強調做愛時陰莖勃起與插入運動的重要性。

　　但其實焦躁不安的心理反而會妨害勃起，阻擋自然反應，錯失射精時機。有時候，男性的不安也會傳遞給女性知道。在諮商室裡，女性就真實透露自己對那根「大小」的想法：

　　「我很喜歡和男朋友做愛。我男朋友喜歡在做愛之前一起聊天，常會問我喜歡哪裡和喜歡什麼姿勢。這類的討論讓我感受到『我被尊重了』。當然，他也很快能找到讓我有感覺的點。但我男朋友每次做完後都問我：『不會因為我那根太小而覺得失望嗎？』我真的不知道該怎麼回答他？」

　　「確實如果比我以前遇到的男性來得大，可以感覺自己的陰道被塞滿，但僅此而已。他那麼努力做活塞運動……我不怎麼覺得有趣，還希望快點結束。」

　　由此可知，相比伴侶的陰莖大小，女性更在乎態度、氛圍和愛撫。男性若覺得陰莖大小需達到平均值才是正確答案，這就大錯特錯了。

　　曾有一位勃起時長度最高達 8 公分的男性，他無法忘懷當時女朋友的一句話：「哇！像小孩子一樣可愛！」雖然心靈很受創，但這也促成他開始研究性愛，從中了解到「女性陰蒂高

潮比陰道高潮更有感覺」、「女性在談話過程中會感到興奮」，也才發現自己想要的不是「那根變大」，而是滿足女朋友，故他不再怪罪自己天生的陰莖大小，而更專注尋找讓女性享受做愛的方法。

　　深入研究後，他亦發現除了身體上的愉悅外，心靈愉悅同樣很重要。另外，男女彼此能夠說出「我喜歡這裡」、「想要這樣做」，需要兩人極度的親密感。因此，他把重點放在打開女性心房的方法，而非性愛技巧。他與相愛的女友結婚後，過著第 25 年的幸福生活，與妻子依舊熱情如火。

　　除了大小，男性也在意形狀。諮商過程中，常會有諮商男性說：「我那根彎掉了」、「它長得很奇怪，該怎麼辦？」，這時我會反問：「有遇到什麼困難嗎？」他們回答：「這樣好像沒辦法滿足對方。」但根本沒有女性因為「我男朋友的『那根』彎掉，長得好奇怪」前來諮商。通常女性會因男性陰莖大小或形狀而煩惱的情形，如下：

　　「您好，我不知道該不該因為這件事而來。我有一個想和他結婚的男朋友，但每次做愛都特別痛，我跟前男友們都沒這個問題。可是，現任男朋友也有愛撫，但即使我的興奮已達高點，他插入的時候，我仍舊感覺到撕裂般的疼痛。他真的是一個不錯的男人，我不想要因為這件事而分手，該怎麼辦？」

　　性愛絕對是生活的重要一部分，所以我也無法對她說：「那不是問題，不須煩惱。」不過，若不想因為這件事跟男朋友分手，我希望她可以重新檢視一下自己與男朋友的性關係。雖有充分的愛撫和興奮，但那個愛撫方法是否適合自己？對方是否慢慢插入？活塞運動是否太粗暴？等等。

　　回歸正題，大部分的女性根本不在意男方的陰莖大小與形狀，所以真的拜託男性們請停止這類擔心。有些人說如果勃起的陰莖可以塞滿衛生紙筒，表示他的陰莖比一般人大；反之，若還剩很有很多空隙，表示比一般人小。可是，每個衛生紙筒的規格大小不一是吧，所以根本無法做出正確的比較。

　　根據統計，每個男性的陰莖大小不同，勃起前大約 4-10公分；勃起後大約會到 8-14 公分，但天氣冷或泡冷湯的時候、身體疲憊疼痛的時候，或剛做愛結束的時候，其長度會縮短 3公分左右（洪晟旭《Good sex Good life》）。人類的身體，特別是生殖器，它不是機器，所以不會維持一定的大小，隨時受各種因素有所變化。

其實，女性想要的大小是……

　　若以女性的立場來看，想要獲得女性的滿足，男性陰莖大小要多大？根據統計，七八成的女性想要達到性高潮，需要陰

蒂的直接刺激，陰道的神經線有九成分布在陰道口附近。因此，陰蒂刺激比陰道刺激重要。愛撫陰道時，關鍵也在陰道口。一般女性可經由陰蒂與外陰 2-3 公分深的 G 點獲得強烈的性滿足及性高潮。

　　至於為什麼男性會不安且在意插入運動和陰莖大小？那是因為西格蒙德‧佛洛伊德（Sigmund Freud）主張：「陰道性高潮是成熟女性的反應。」影響眾多男性的思維。但以研究人類的性並造成世界衝擊聞名的《金賽報告》作者阿爾弗雷德‧金賽（Alfred kinsey）透過觀察女性自慰行為與跟數千名女性的訪談後，發現女性藉由陰蒂刺激更能獲得性高潮。另外，澳洲海倫‧奧康奈爾（Helen O'Connell）的最新研究透過核磁共振成像（MRI）發現陰蒂與陰道之間解剖學的關係。結論是陰道壁屬於陰蒂的一部分。（Helen o'connell, Kalavampara sanjeevan, and John hutson, <anatomy of the clitoris>）

　　總結來說，大部分的女性是透過陰蒂和陰道口產生性高潮，所以勃起的陰莖只需要在陰道內 2-3 公分即可充分刺激引起女性的性高潮。就算陰莖又粗又長，若不懂得正確使用，女性一樣感受不到快感。有時間在意陰莖大小，不如用這些時間去發掘對方的敏感帶，學習該如何刺激女性產生快感，更有助於性福美滿。

關於陰道健康

大部分的女性不會因男方的陰莖大小與形狀感到不滿。那，男性對女性身體的想法又是？

許多女性會在意自己的生殖器與胸部，煩惱：「陰唇和乳頭應該要呈現粉紅色，但我的是黑色」、「我的陰唇下垂、不對稱」、「胸部下垂」等。但男性跟自己喜歡的女性發生性關係時，幾乎不會對女性脫光的樣子感到失望。（但曾有男性看見動過豐胸手術的女性而感到失望，因為人造胸有種自己被騙的感覺。）

其實發生關係過程中，會讓男性困擾的問題第一名是女性的味道。「我和女朋友去了旅館。她美麗的容貌使我一見鐘情。沖完澡，在愛撫女友的時候，一股酸溜溜的味道撲鼻而上。我馬上停下來跟女友說今天的狀態不好，離開旅館。之後再也沒和她聯絡。」

在二十一世紀，基本不會因洗澡問題而讓身上產生臭味。至於陰道，屬於「開放器官」之一，平常的分泌物是pH3.5~4.5強酸物質，有助於抑制陰道內部的其他有害細菌成長，阻止細菌的侵入。陰道表面分泌適當的分泌物，以濕濕的黏膜狀態保持免疫，清除老舊細胞，守護陰道內部的健康。但過度的滲透清洗，很容易破壞保護陰道的有益菌，所以用水或弱酸性清洗劑即可。（此處的清洗是指陰部，陰道內部不用清

洗。）如有味道、發癢和子宮畏寒症狀，並產生陰道炎，請務必到醫院接受診療。此外，壓力、疲勞和食物也會影響陰道的健康，檢視日常生活找出根本原因才是最重要的。愛護自己，保護自己！是最重要的基本。

好吃的話，3 分鐘咖哩也行

與陰莖大小不分上下，另一項男性認為很重要的指標是「精力」。但是，當有人問說精力是什麼的時候，其實不好回答。精力原本是指身心的活動力，但通常會借引為性方面的意涵，接近英文「aphrodisiac（催情藥）」的意思。雖然沒有一個正確標準定義精力，但大概會浮現的想法有（參考維基百科與網路論文）：

◆ 隨時都能勃起。
◆ 勃起持續時間長。
◆ 一天晚上可以射精好幾次。
◆ 精液量多。
◆ 精液可以射很遠。
◆ 體力好，做愛時不會累。
◆ 確實滿足到另一伴侶。

　　由此可知，精力常用為展示男性性能力的詞彙。那女性對精力的想法又是？勃起持續時間長重要嗎？有一個「3 分鐘咖哩」的玩笑是意指插入後 3 分鐘內射精。大部分男性在自慰的時候，進行 3-5 分鐘的活塞運動後射精，因為自慰不需要自我感受品味自己的身體。在這個狀況下，還不會出現早洩的觀念。問題出在於和伴侶的關係。

　　其實女性也會早洩，只是不會像男性射精後陰莖會軟掉那樣明顯，也不會出現身體上的特徵，故沒人知道。美國國家衛生研究院（NIH, National Institutes of Health）對勃起不全的定義是「男女因不能獲得或維持充分的勃起，以致於無法享受滿意的性生活。」換句話說，早洩是男女主觀問題。無論 3 分鐘，還是 30 分鐘，雙方都能享受滿足就沒有問題。

　　不過，如果男性在對方興奮前，或是插入前、剛插入或插入後 1 分鐘內射精，是該要傷腦筋了。根據國際性醫學協會（ISSM）PE（Premature Ejaculation）的標準，男性患有性機能障礙的症狀如下：

- ◆ 插入陰道前或插入後 1 分鐘內射精。
- ◆ 插入陰道後不能順利射精。
- ◆ 逃避與伴侶的性愛享受。

　　上述的第三項簡單來說是「快點射完了事」或「真麻煩」等狀況。我就曾遇過一位 20 歲男性因太快射精問題前來看診，

他說自己曾在進入女性陰道前射精，導致後來他在女朋友暗示想要做愛時，心理上會有負擔與不安感，而為了掩飾自己的無能，總是以疲憊為藉口逃避。

丈夫與妻子的同床異夢

　　相反地，也有基本一次做愛就 4 小時的男性。他非常認真看待性愛這件事，不僅會付費聽講座，還會額外去學習手技巧，對可以持續做愛 4 小時感到非常自豪，期待每週與妻子結合的時光。為了能夠充分享受兩人時光，他們都會特別去旅館避開孩子，甚至熟到可以知道有哪些旅館可以休憩 5 小時。

　　既然這麼美好，為什麼每週只能做一次？因為妻子拒絕每週兩次以上。已結婚 4 年的妻子其實從新婚時起，和丈夫行房只覺得痛和累。平常丈夫若講到色情話題，她就會莫名的緊張，逐漸疏遠丈夫。某天，丈夫說準備了一個驚喜禮物：「老婆，我做了陰莖增大手術！如何，很棒吧？」原來，丈夫以為妻子拒絕自己的理由是「不能滿足她」，並自我判斷不能滿足的原因是「那根太小」。於是他到網路上的純男性社團蒐集有關手術的資訊，閱讀其他男性手術過程的後記，最後決定動手術，然後說道：「妻子非常喜歡！」

　　其實，事後得知丈夫動手術的妻子不是很樂意，但又不能

擺出討厭的臉色。因為丈夫是一個沒朋友、沒愛好，每天只會家裡與公司來回跑的人，所以他都藉由做愛解壓。再加上他現在事業處於危機狀態，看到他意志消沉的模樣，妻子不忍心再擺出厭惡的臉色，即使每次做完愛的感覺是陰道乾澀、大腿肌肉痠痛，仍選擇忍著不說。

妻子是一位愛好書本與音樂的安靜和平主義者，她喜歡聽抒情音樂，但每次打開晚間廣播，丈夫就靠過來說：「這歌手好無聊」，並換成舞蹈歌曲。妻子只好拿起書本離開座位，丈夫又貼緊身旁說：「一起看新聞吧」，並打開電視。在這情況下，妻子一點也不想跟丈夫做愛。最後終於受不了，她抓著丈夫的手一起來尋求諮商。

做愛是為了滿足當下兩個人

由上述可知，做愛是兩人共度的時光，雙方都滿意的話，不會有任何問題，但有多少人現在是滿意的呢？根據姜東雨（音譯）性醫學研究所與 EBS 合作調查結果：

41% 回答「滿意」；36.1% 回答「普通」；最後 23.8% 回答「不滿意」。此外，應答者中有 38% 已婚者處於性冷淡，而且其中結婚較久的佔比率提升到 54.9%（結婚 31 年以上）。

不過，全體應答者有 93.9% 回答「性生活很重要」，且

60 歲以上的應答者佔比率上升至 95.5%，他們知道性愛的重要性，也渴望性愛，但卻不能實踐或無法獲得充分的滿足。

至於「不滿意性生活的原因」包括：疲勞、另一半不夠體貼、過於單調、壓力，以及兩人的摩擦衝突。40 歲的應答者中，有 42.8% 回答：「怕不做愛會被另一半指責而感到負擔」，其他年齡層有相同回答的也佔 26.3~36.1%。

很有趣的一個指標是「夫妻或戀人關係的滿意度」，將維持滿意度的因素（以蓋瑞・巧門（Gary Demonte Chapman）的《五種愛之語》為基礎）分為獻身、稱讚對方、禮物、和對方共度的時光、肢體接觸，以及性，並以各項目滿分為 10 分的方式進行評估測量。韓國夫妻的平均分數落在 6 分，但性冷淡的夫妻落在 5 分。由此可見，性愛帶來的瞬間快感不太影響分數，主要由肢體接觸提高心理層面上的關係滿意度。再問這些應答者：未來希望性關係維持到幾歲？ 31.3% 的男性回答是到 81 歲以上；46.6% 的女性回答是 60 歲以下。

今天馬上回去問問你的另一半吧：你有多滿意我們現在之間的關係？還有，你想要跟我做愛到幾歲？兩人的回答若一致，彼此的關係可以維繫更長久；但如果回答不一致，也別生氣或難過，從現在開始一起學習，提高滿意度就好了。

現在比 20 幾歲更快樂的理由

——身體變化

　　某天，有一對 50 多歲的夫妻前來諮商。妻子說：「現在我直接摸他那也常無法勃起。他以前光看我的睡姿都能感到興奮，現在大概是對我沒心了吧！」而丈夫也煩惱：「即使射了精，力道已不如從前，常搞不清楚自己到底射了沒？我是不是不行了？人一上了年紀，心情真鬱悶。」

　　無論男女，隨著年紀增長，性慾或精力都會產生變化，但我們卻難以接受事實。上了年紀，視力變得看得模糊，我們會知道需要戴老花眼鏡，但當自己不能勃起時，便以為自己「不行了！」感到受挫。

20 歲不該是正常標準

　　想要擁有健康的性生活，首先我們要了解自己身體的變化。男性從 13-16 歲身體開始產生精液，會出現夢遺現象，性

功能會持續發育至 20 歲初。大約到了 30 歲，睪酮分泌物明顯減少，性刺激反應變慢的同時，射精後再次勃起的時間也跟著拉長。

　　女性則從 13-16 歲開始來初經。但與男性不同的一點，女性不會慾火焚身，不會看到男性就想做（當然有些女性會這樣，也屬正常）而且第一次性經驗前未曾自慰過的女性意外地多。到了 40 歲中後至 50 歲初左右完經（完成月經，亦停經的意思，但停經給人負面的感覺，故以完經稱之），更年期後，女性賀爾蒙雌激素分泌減少，會開始出現陰道乾燥、性交痛，以及反覆性陰道炎症狀。大家都以為越晚完經越好，但若在更年期後仍然像以前一樣有月經，甚至血流量增加，反而是一種病症。

　　所以説，一天晚上做兩三次的 20 歲與要花整星期恢復體力的 60 歲，兩者性生活必然不同。過了 40 歲，需要更多的刺激達到性高潮，偶爾高潮時間也會比過去短暫。以男性的情形，射精感受度降低以外，射精量也明顯減少。

　　我們印象中的性功能正常範圍都以 20 歲的標準訂定，所以有人會説：「以前的我一天可以做好幾次呢！」但懷念過去並不能幫助改善現況。曾經以指考為目標的 10 幾歲青少年，過了 20 歲也要改變目標向更好的人生前進；同理可證，我們需要隨身體上、人際關係上，以及社會上的狀況不同，改變性生活目標。

當某個機能萎縮時，會發現另一個機能，這是人類身體神秘存在的智慧。一般人都認為性愛只是身體接觸的一部分，但性愛是一個身心溝通、情愛交流的過程。牽手、擁抱和互相對眼都是算身體接觸的一種，另一種表達性愛的方法。

對於男性不能勃起或女性陰道乾燥導致性交痛，以為不能再做愛的中老青年們，我想説：既然陰莖與陰道的狀態不如從前，那就換一個做愛的模式吧！不要一直在意性功能衰退，多花點心思重建兩人共享身體語言的新模式。

克服身體年齡的 BC 肌 [1] 鍛鍊法

那麼，上了年紀只會妨害到做愛嗎？不。這時子女長大獨立，終於擁有兩人世界，可以好好享受的時間反而變長，而且夫妻完成生子計畫，也能脱離懷孕的負擔，不必急著做，或者以射精為目的。兩人可以緩慢溫柔地享受做愛，以彼此交流為目的。

性高潮不可能單以肉體反應產生，它需要有一顆想要做愛的心，即要有性慾才行。食慾、睡意和性慾被稱作人類三大基本欲求，可是有些人是刻意尋找美食的美食家，有些人只要填

1　學名為球狀海綿肌（Bulbosponsiosus Muscle）。

飽肚子就行了。所以對性愛無欲無求的人，即使身邊的另一半很性感，也不會有感覺。當妻子穿著火辣的性感內衣，噴滿誘惑的香水，靠近丈夫的時候，有的人會想：「這女人在幹嘛？」這時候的男性就不是因為精力衰退而導致不能勃起，是因為他不想做，所以不能勃起（在這想叮嚀女性們，不能以為男性就隨時都很渴望做愛；還有，也不用因為對方不能勃起就認定是彼此的愛情淡了）。

　　如果你還是很在意身體變化的話，這裡有幾項方法可以克服困難。對男女性功能很重要的幾個肌肉，包括 BC 肌、PC 肌[2] 和 IC 肌[3]。畢竟本書非以學習解剖學為目的，所以大致簡單介紹：這三個肌肉分布位置在會陰附近，解尿時稍微忍耐一下就可以感受這些肌肉。鍛鍊這部位肌肉的方法，稱作凱格爾運動，是由婦產科醫生阿諾‧凱格爾（Arnold Kegel）博士所提出。

　　雖然是婦產科博士提出的運動方法，但適用每位男女。根據英國西英格蘭大學研究團隊針對勃起不振患者進行凱格爾運動實驗結果，凱格爾運動的效果相當於藥物治療。此實驗募集 55 名超過 6 個月勃起不振的男性（平均年齡 59 歲），要求他們每週做五回凱格爾運動，分別在 3 個月和 6 個月後評估勃起

2　學名為恥尾肌 (Pubococcygal Muscle)。
3　學名為坐骨海綿體肌 (Ischiocavernosus Muscle)。

功能狀況。結果有 40% 患者恢復正常勃起；35% 患者改善勃起狀況（做完這個運動後，提高男性精液噴出的壓力，射精強度增加）。

執行凱格爾運動的方法，首先，要先找到正確的肌肉位置，該部位是停止解尿時所使用的肌肉，然後利用兩個訓練模式：

1. 剛開始先 1 秒收縮，1 秒放鬆，同個模式來回做一百次。
2. 之後變成 5 秒收縮，5 秒停止，再 5 秒放鬆，同個模式來回做二十次。

這兩組動作一天各重複三回。這時有一點要注意：不要集中一天做完，每天經常做才會有效。還有，不要在排尿的時候做。若因過量運動導致肌肉疼痛，請中斷和減少次數。假如攝護腺發炎，請避免做這項運動（此運動會刺激膀胱）。最後，這項運動跟其他運動一樣，呼吸很重要，請記得收縮時慢慢吸氣，放鬆時吐氣。

觸發全身性高潮的骨盆伸展操

「我們身處社會生活裡，需要某程度的控制，但控制過度，很容易變成機器般的人類。控制是理想的；控制讓自己的基本不受生活影響；控制不允許以快樂生活為目標；控制不表露心情；控制是中立的；控制不能知道與呼應其他人的心情，因為

連自己的心情都不清楚。控制永遠存在情感水面之上。」

　　上段擷取自路易斯・舒茲（Louis Schultz）的《往真實裡走》（Out in the Open）。是的，內心僵硬，身體也會跟著硬邦邦。精神科專家威廉・葛拉瑟（William Glasser）曾說：「人類的行動非單純的行為，一個行動蘊藏想法、身體反應與情感。當壓抑想法的時候，情感與身體反應也會變得毫無知覺。」

　　相反地，身體柔軟放鬆，內心也會變得輕鬆。此概念運用在性慾感覺的發育上也非常受用。性科學家威廉・賴希（Wilhelm Reich）研究結果顯示骨盆的擺動與通過全身的性高潮有密切相連，可藉由呼吸法幫助性高潮達到最高點。此外，以密宗性愛[4]（Tantric sex）魔術師聞名的法國專家瑪戈特・阿南德（Margot Anand）於《性高潮的藝術》（The Art of Sexual Ecstasy）稱骨盆是製造性能量的肉體發電所。

　　很遺憾的是，東方某些習慣坐在地板的文化導致骨盆位置的敏感度鈍化。脖子酸痛，要扭轉脖子放鬆肌肉，所以骨盆僵硬，也要搖搖骨盆放鬆。兩人在做愛的時候，很常因為骨盆僵化導致無法好好進行。如果骨盆周邊肌群的柔軟度足夠，能有助於喚醒性慾感覺。所以，開始來做骨盆伸展操吧！

4　古印度性行為注重與性夥伴進行非常緩慢的、親密的互動，伴隨著深呼吸和某些儀式性的行為。

內收肌伸展操

1. 用瑜珈的四足跪姿跪在地板上。
2. 維持步驟1的姿勢，臀部左右移動。
3. 並且臀部慢慢往後推出去，跪坐在自己的腿上。
4. 轉成坐姿，下一個動作是劈開大腿，在不勉強的狀況下，雙腳收合，腳底板貼合成鑽石形狀。
5. 維持上步驟的姿勢，腰慢慢往下彎伸展。

做完伸展操後，現在正式開始放鬆骨盆。基本姿勢是「青蛙趴」，手將膝蓋往腳後跟方向推，透過這個動作放鬆骨盆內處。

1. 腳打開比肩寬。
2. 頭到臀成一字型，不駝背腰、不塌陷。
3. 鼻子吸氣的同時，氣往腹部走。
4. 吸飽後吐氣，直到氣吐完為止。

現在，維持青蛙趴，上半身不要用力，開始移動骨盆。不要全身移動，只需要移動骨盆位置。腰部僵硬的人可能會覺得酸痛。不用貪心，1公分也好，有動才是最重要的。稍微按照以下方式前後移動，放鬆骨盆。

骨盆向上

1. 深呼吸往前推骨盆。這時，肚子或大腿不要用力，臀部要出一點力。維持姿勢數到五。

2. 吐氣將臀部往後退，一樣維持姿勢數到五。

3. 此動作重複 3 分鐘。

再次強調，只要動骨盆，其餘身體不動。許多人覺得只動骨盆很難，容易做錯，由肩膀動全身。知道怎麼移動骨盆之後，可以加快一點速度持續前後移動，約 3 分鐘。稍微屈膝，強烈搖晃骨盆。吸氣時，骨盆往前推；吐氣時，骨盆往後退，此動作重複 3 分鐘。接下來，調換呼吸，重複相同動作。

骨盆向下

1. 吐氣往前推骨盆。這時，肚子或大腿不要用力，臀部要出一點力。維持姿勢數到五。

2. 吸氣將臀部往後退，一樣維持姿勢數到五。

3. 此動作重複 3 分鐘。

此運動效果非常顯著，放鬆緊張的肌肉後，在做愛時更能感受到能量。集中專注呼吸和搖擺，喚醒性慾感覺，男性的會陰部、陰囊與陰莖在女性的陰道內與陰蒂，體驗到美妙的抖動，這是增加身體慾望，獲取更多做愛快感的超有效方法。不妨現在就開始練習吧！

完完全全愛自己的身體掃描冥想法

對自己的身材沒有自信,感到不安的話,會無法享受性愛。唯有了解自己身體的能力,才能提高發生性關係時的感受力。這時候,身體掃描冥想法[5]很有用。來按照以下步驟試試看吧:

1. 躺著閉眼休息 5 分鐘。
2. 放鬆緊張,確認自己的姿勢。最好的姿勢是躺著看天花板(地板上鋪毛毯或瑜伽墊更好),心情呈現平靜狀態。
3. 雙腿打開盡量與肩同寬。
4. 腳稍微外八。
5. 兩手放在身體兩側,手掌朝上。
6. 確認脖子是否放鬆(也可以墊一個小軟墊在脖子下方)。
7. 確認全身包括臉部是否放鬆。
8. 閉上眼,專注放在身體知覺上。

在這狀態之下,我們要做的事情就是全神灌注在自己的身體。就如身體掃描(Body Scan)表面上的字義,檢視自己全身的知覺感受。將意識放在身體感受,如:柔軟?僵硬?溫暖?冰冷?

體驗到的感受,可能一部分是緊張、冰冷、脈搏聲、無感

---

5 在正念減壓中,將注意力移轉到身體的各個部位的練習,稱為身體掃描,目的是為了重建知覺和身體的連結。

覺、輕盈或暈眩。另外也有可能感受到焦躁、煩躁、疲勞和壓力等負面情感，或者平靜和快樂等正面情感。持續意識到這些感覺，主要目的在於接受觀察到的自己。（更詳細的內容請參考《正念療癒力》（Full Catastrophe Living））。

接著我們繼續往下一個階段：
1. 大腦集中在自己的意識，呼吸吐氣，全神貫注在大腦。
2. 吸氣時，想像大腦灌入溫暖開朗的氣流。
3. 吐氣時，想像把大腦裡的複雜思緒拿掉。
4. 完完全全感受自己的大腦是溫暖？冰冷？或刺痛？
5. 現在慢慢將焦點從大腦移到臉部，透過眼、鼻、嘴、耳感受臉部。
6. 持續將意識慢慢移往下移到脖子、肩膀、手臂到手指。
7. 把手臂夾靠近身體，手臂略推地板像要收到肩膀後，專注於胸、肚、骨盆、腿和腳指。
8. 維持姿勢 5 分鐘感受全身。
9. 結束由上往向下的身體掃描，反過來再從腳趾向上到大腦。

透過心平氣和呼吸進行身體掃描，可學習愛惜自己的身體。幾年前我曾經遇到一位 39 歲女性，她一生都沒領悟到性愛的重要性，也沒體驗過性高潮。我們是透過身體掃描的關係

認識。她在參加冥想同好會的過程，發現自己太不關心自己的身體，並後悔自己總是在擔心別人怎麼看待自己的身體，卻沒有愛過自己的身體，不知不覺地流下眼淚。

你有對自己身體的哪一個部位沒自信嗎？你有因為身體而感到畏畏縮縮嗎？如果有的話，請對自己説：

「我很美。」

「我很性感。」

「我很帥。」

「我很強。」

「我很可愛。」

就像早上起床看看鏡子，對自己説自己想聽的話。一天之計在於晨，給自己第一個問候吧！只要嘴角上揚，對自己大喊：「我是很不錯的人！」大概重複做一個月，就會發現自己真的成為那樣的人了。

如同身體，關係也改變就行了

上述內容提供了幾種克服身體變化的方法，不過最後有一句我想叮嚀的話：「不『克服』變化也沒關係。」關係可以隨身體變化而改變。

比如説，男性勃起不振或感受強度減弱的問題，以及女性

性慾感覺下降的問題都可以透過伸展操、運動和冥想獲得某程度的解決。不過，更年期後陰道變乾燥是身體自然現象，由於陰道壁厚度變薄，彈力鬆弛，還有愛液減少，導致發生劇烈的性交痛。這時候，其實不用去「克服」變化，解決辦法很簡單，使用潤滑劑或有機滋潤油就可以了。潤滑劑可在性交過程中提供陰道組織外在潤滑，減少不舒服的感覺，增進性愛運動的滑順感，提高性興奮。在線上或實體店面都可以買得到符合條件的潤滑劑。

但要注意的是，2012 年世界衛生組織（WHO）提出建議改善潤滑劑的酸性度與滲透壓問題（根據 WHO 的建議是使用酸性度 pH4.5 及滲透壓不超過 1,200mOsm/kg 的潤滑劑），考量健康，最好使用與陰道酸性度（pH 3.8~4.5）相似的藥製品。鹼性製品會助長有害細菌，提高產生細菌性陰道炎的風險。另外，使用比一般陰道分泌物更稠的潤滑劑，可能會吸收身體組織與細胞裡的水分（發生滲透壓現象），導致使用潤滑劑，陰道反而變得更乾燥。

不光要脫衣服，也要放下內心行李

性愛是兩人互相分享的身體對話，不靠藥物或手術的幫忙，也與年紀無關，都應該能享受這個身體對話。即使上了年

紀，持續發生性關係都有利於身與心的健康。而且性關係可以燃燒脂肪，產生腦內啡降低不安感，另外也可以提高幸福感與延長壽命。

最重要的是，性愛是表達深層關係親密的機會。不僅鞏固兩人的關係，偶爾也能脫離疲勞苦悶的生活，享受身體的愉快。來一場不用身體，不脫光衣服，用心且放下內心行李的性愛之旅吧！

做愛不是按地圖抵達就對！

——尋找性敏感帶

　　性愛諮商過程中，我有時我會碰到看診者說：「太複雜了，我沒有想要了解那麼多，你告訴我重點，摸女性的哪裡，會讓她『爽』歪？」遇到這種狀況「真的很令我鬱悶」。

　　老實說，沒有這種地方。人的身體上確實藏有性的敏感帶，但每個人的敏感帶位置不同，何況也不是找到它之後「大力」按下去，對方就會立刻「阿！」產生反應。

　　諮商者敏兒就有類似的問題。她與丈夫最近一次的房事是一個月前，丈夫現在正生氣與她冷戰中。結婚與丈夫實際生活後，打破她之前對男性的所有幻想。原來外表身體強壯又長得帥，在家一樣也是會穿著睡衣，蓬頭垢面和亂放屁。而且丈夫結婚後胖了 10 公斤，抱在一起都是一團肚子肥肉。

　　但，敏兒依舊很愛她的丈夫（或說決定愛他），畢竟外貌不是全部。她希望能跟丈夫一起享受性愛，可是他們兩人都做事單調，令人興緻缺缺。加上已經過了看臉就會心動的時期，

適時需要來點變化了，於是，她對丈夫説：「『稍微』也摸一下其他地方」，而丈夫卻忽視她。

我在諮商時問她的丈夫：「請問您知道敏兒喜歡什麼樣的愛撫嗎？」他超有自信地回答：「當然。我超了解女性的。按腰部後面的這裡，就可以達到性高潮。」他的表情就好像是拿出傳説中的武林秘笈，非常驕傲。不知道該拿他怎麼辦。

我換問敏兒：「妳有誠實告訴丈夫嗎？」她面有難色：「這種話要怎麼當面直説！不會覺得受傷嗎？」許多人都跟敏兒有相同想法，可是，對方説「我們換不同方式做愛吧！」和對方拒絕接受做愛訊號，哪一個更受傷？與其在什麼都不知的狀態下被拒絕，不如一起解決問題來得更好吧？

所以我建議她「當面告訴丈夫希望哪裡被愛撫」，幸好她願意鼓起勇氣，但又出了另一個新問題：敏兒也不知道自己哪裡被愛撫會感覺特別好。

我們全身都是性器

性敏感帶（eroszone）係指身體和內心「會有感覺的部位」，即被撫摸時會心情很好的部位。許多人把性敏感帶想得太難，不知道該怎麼做。基本上，只要加上「性」字，大家都會害怕，因為大家都逃避自己身上有關性方面的問題。生長在

禁止享受撫摸身體的東方文化圈裡，我們須打破這樣的思維。相愛兩人之間的親密接觸不是變態，而是愛。

　　回歸主題，說到性敏感帶，大家都會先想到生殖器。對，沒錯。生殖器是很重要的敏感帶，我們都需要了解男女的生殖器：女性的生殖器由陰蒂、大陰唇、小陰唇和陰道構成；男性由陰莖和陰囊構成。但在「攻略（？）」生殖器之前，要先明白一個道理：人全身上下都是性器，陰唇或陰莖只是生殖器的一部分。

　　以美國性醫學家麥斯特和強生發明的 SFT（sensual focus traninning）方法為基礎，尋找全身上的敏感帶部位吧！首先，規劃每週的某一天尋找彼此的性敏感帶，時間大約 1-2 小時。這是一段互相了解彼此身體的時間，只需要準備一顆放鬆的心即可。

　　而放鬆五官知覺的方法，第一個是利用嗅覺。嗅覺神經在十二條腦神經（cranial nerves）中，唯一顯露在外。它跟其他知覺不一樣，不需經過視丘（thalamic nuclei），直接投射到皮質，因此會產生強烈的刺激。一般來說，聞到柑橘系列（常見的橘子味）或花系列（花香味）的芳香氣都有助於放鬆身體。

　　第二個是利用聽覺。有幾種安定人類腦波的頻率：Alpha 腦波（頻率：8-13 赫茲）和 Theta 腦波（頻率：4-8 赫茲）。所以我們可以透過音樂放鬆緊張的身體，只要網路搜尋 Alpha

腦波音樂、Theta 腦波音樂就會出現推薦音樂。

　　第三個是利用視覺。明亮的燈光會讓女性害羞，光明正大展露自己的身體給對方看的時候會覺得尷尬。所以，女性們泡溫泉女湯的時候通常也會圍著浴巾進場。因此女性身體裸露的時候，通常不想著要展現自己身體的美或賣弄風騷，反而更想掩蓋醜陋的身體。這時候可利用昏暗的燈光或蠟燭，柔和的燈光有放鬆效果，可以感受到熊熊慾火的熱情。另一個方法是使用眼罩，人類八九成都是透過視覺取得資訊，蓋住眼睛，阻斷視覺，更能專注在對方給予的感受。

　　都準備好的話，接下來是沖澡。若有浴缸，可以泡個澡，身體會變得「軟綿綿」，重點是：不要用毛巾擦乾水滴，可藉由抖動自己的身體，放鬆僵硬的肌肉，有助於找到性敏感帶。

　　最後，準備一罐滋潤油或潤滑劑。大家都以為按摩油是用在「陰道乾燥的時候」，但它也是很好的潤滑角色。一般的牽手與塗抹滋潤油後的牽手，感覺很不一樣。雙手更加柔軟，幫助喚醒兩人之間的關係（既然要用，建議使用天然有機品）。油擦在身上，吸收很快。只買一種或買好幾種混搭使用都很好。

尋找女性性敏感帶的黃金食譜

背面

　　尋找女性性敏感帶的時候先從離陰唇最遠的地方慢慢靠近。首先，女性露出背部趴下。墊枕頭或抱枕可以減緩頭部的不舒適，保持呼吸平順。再來，男性依順序愛撫女性。男性的手呈現飯碗的形狀在女性身體上畫圓移動。訣竅是：在面積大的部位，如大腿，運用五隻手指撫摸；在小面積部位，如耳朵，只用兩隻或三隻手指撫摸。

　　順序可以是：

1. 先從女性的左腳腳趾開始（腳趾→腳底→小腿→膝蓋後方→大腿）。
2. 再從右腳腳趾開始（腳趾→腳底→小腿→膝蓋後方→大腿）。
3. 再從臀部中間開始（臀部中間→臀部兩側→腰部→胸背後→肩膀）。
4. 再從左手手指開始（手指→手掌→手臂→肩膀）。
5. 再從右手手指開始（手指→手掌→手臂→肩膀）。
6. 最後從頭開始（頭頂→頭皮→耳朵→脖子→背部中間→兩邊胳肢窩）

重點在速度和強度。要碰不碰地接觸皮膚表面（表皮層），

速度像螞蟻走過那樣，3秒走1公分，非常緩慢，觸摸對方的每寸肌膚。想像皮膚的呼吸氣孔，一一地感受。一個一個經過對方的細胞，彷彿超越時空，兩人合為一體。此時此刻，全神貫注在對方與全身刺激，不管是愛撫的人或被愛撫的人都會燃燒想做愛的慾望，體驗到未曾有過的電流，以及找到對方的敏感帶。慢慢刺激，便能知道什麼是「喚醒」敏感帶。不過，刺激時有可能會覺得癢，所以要慢慢來，調弱強度。一般來說，會癢的部位就是敏感帶，要記住！

按照上述摸過之後，可以再移動到臀部。臀部是非常有強烈感覺的敏感帶，可以馬上引起性興奮。如果前面的撫摸是「阿！心情真好」、「舒服」的感覺，接下來則會是「好想馬上做愛」的感覺。記得不要一個大掌心直接碰臀部，手一樣呈現圓形狀去觸摸。

臀股溝是非常重點的敏感帶。要碰不碰時，女性會起雞皮疙瘩，感到興奮。聽到這話，有些男性會說「馬上從臀部開始！」省略前面撫摸手和腳的過程。但想要刺激臀部，先要從手腳的愛撫開始。

之前有一位男學生就要自己的妻子躺著，直接撫摸她的臀股溝，結果被妻子腳踹：「你這個變態！在做什麼！」這是因為原本就很敏感的部位，若在未興奮狀態下被觸摸，對方不僅感到奇怪還會不舒服。因此，千萬不要直接進入主要環節，要

一點一點慢慢開始。

　　除此之外，撫摸臀部的時候，速度和強度要維持跟手腳一樣，3 秒走 1 公分。男性也許會覺得有點無趣，想要加強力道。深吸一口氣，請配合另一半的呼吸，維持一致的速度和強度，探完女性的身體後方各處後，一般女性身體後方的敏感帶會是：**耳朵、胳肢窩、背部、大腿內側、腳趾、臀股溝。**

正面

　　接下來，女性躺正，男性一樣可重新依以下順序尋找女性的敏感帶：

1. 先從女性的左腳腳趾開始（腳趾→腳底→小腿→膝蓋→大腿）。

2. 這次從右腳腳趾開始（腳趾→腳底→小腿→膝蓋→大腿）。

3. 再從左手手指開始（手指→手掌→手臂→肩膀）。

4. 再從右手手指開始（手指→手掌→手臂→肩膀）。

5. 最後從頭開始（耳朵→脖子→肩膀→鎖骨→胳肢窩→胸→肚）

　　撫摸腳趾的時候，從大拇指移動到小指。一樣畫圓，每隻腳趾停留 10-20 秒。特別是大拇指，是腳中最有感覺的性敏感帶。現在是用手觸摸，但也可以利用親吻或吸吮刺激它。拉長

彼此感覺的時間，身體的知覺也會一併自我開啟，有想要停留較久的地方，可以多花一點時間在那。男性的手從腳趾漸漸開始往上時，女性可以稍微屈膝，露出大腿內側。大腿內側是女性的重點性敏感帶，男性可以在女性心情愉悅的原則之下加強力道。

至於從頭部開始時，也有幾個重點。頭往左轉，撫摸左耳；再往右轉，撫摸右耳。耳朵也是性器之一，可撫摸耳垂、耳輪和耳朵內處。再此重述，如大腿一樣面積大的部位用五隻手指；像耳朵般面積小的部位則得用兩三隻手指觸摸。另外，耳朵後方有個凹陷，迷走神經 (vagus nerve)[6] 會經過，是非常敏感的部位，記得一定要摸這裡。

脖子前面往下走到正面肩膀、鎖骨、肩膀後側時。記得從鎖骨移到胳肢窩。胳肢窩是大家很常忽略的部位，散發費洛蒙味道的胳肢窩是很重要的敏感帶，利用手指輕輕畫圓，喚醒感覺吧！

在胸部的部分，先岔題談談，許多女性不滿意自己的胸部，盡可能地塞胸墊或甚至考慮隆乳。但曾有男性透露：「手捏女朋友胸部的時候，很明顯有與人類肉體不一樣的觸摸感。得知女方隆乳的事實後，再也興奮不起來了。」請想像一下，假設

---

6 迷走神經屬混合性神經，它是人腦神經中最長和分佈範圍最廣的一組神經，含有感覺、運動和副交感神經纖維。

男性不跟另一半商量就在陰莖墊了假物，女性通常不會因為看起來大而喜歡，反而會產生不知所措的感覺，也有可能會有這樣的想法：「這個人更重視自己的性滿足」，甚至懷疑「這個人是不是為了別人去動手術？」男性對女性隆乳手術的想法也是一樣的。每個女性的胸部都自然能引起男性的性慾，所以不用對自己的胸部沒信心，坦蕩蕩展現出來吧！

　　回到正題，繼續講男性該如何撫摸女性的胸部。胸部的性敏感帶不止一個，分為乳頭和乳暈（乳頭周圍稍微略深色的地方），每一處都要認真觸摸。題外話，從嘴唇到胸部的這一條路徑是引誘性慾感覺的神經會經過的路徑。依前述，在沒有充分的前戲之下，猛然觸摸會造成不愉悅的感覺。千萬別忘了。過了胸部，之後會來到肚子，一樣畫圓往肚臍方向走，在肚臍周圍輕輕撫摸。

生殖器

　　終於，來到女性的生殖器階段。我收到很多有關這的提問：「觸摸陰蒂時，女性是什麼感覺？」、「觸摸陰莖時，男性是什麼感覺？」好奇答案的話，先要知道男女同源，不論男女，都是由一個受精卵分裂開始形成。何時可以確定孩子的性別？大部分要過了 10 週後。為什麼 10 週前不能知道性別？因為個體太小？不是的。是因為無論是男是女，他們的受精卵都長得

一樣，以至於無法辨別。滿 10 週後性器生成，男性向外，女性向內。換句話說，男性的性器與女性的性器基本是同樣的。

對所以應女性陰蒂的男性部位是？陰莖？更精確一點，是陰莖尾端的龜頭。所以刺激女性陰蒂，跟刺激男性龜頭的感受是差不多的。那，男性的勃起現象，女性也會有嗎？是的，女性也會勃起。在性興奮足夠情形之下，陰蒂會因血充而變大。

但有很多人不知道該如何撫摸這麼重要的陰蒂部位，真令人傷心，尤其是很多女性對自己的身體關心度不足。那麼現在開始尋找自己的陰蒂位置吧！利用鏡子照，可以看到像一顆豆的部位，其實陰蒂是由身體內處巨大的勃起組織 [7] 形成。愛撫女性的生殖器時，方向要從陰蒂到肛門（陰蒂→大陰唇→小陰唇→尿道→陰道→會陰部→肛門）。

從陰蒂移動到大陰唇的時候，畫圓一圈一圈移動，由大陰唇進入裡面。現在再次從陰蒂開始畫圓進入，經過尿道和陰道，抵達會陰部。最後觸摸肛門周圍，如果正躺狀態之下手觸碰不到，也不用刻意要觸摸。

撫摸陰蒂的時候要比其他身體各處更要花費心思，每個點都停留 30 秒至 1 分鐘，喚醒性慾感覺。女性在足夠興奮時會流出愛液，陰蒂的勃起器變大。重要的是，只有這一刻才能點

___
7　陰蒂海綿體。

燃女性陰道內的性敏感帶。所以沒有前戲，陰莖直接插入的話，女性不會有任何感覺。假如女性會因男性的莽撞插入而有感覺，那在做婦產科陰道內視鏡或組織檢查時也會引起興奮（當然這種事不會發生）。

做足前戲，女性的身體都準備好之後，就可以開始進入陰道了。這時，手指不能隨便插進去，一樣以畫圓的方式慢慢從陰道口進入，找尋陰道內的性敏感帶。陰道口內處位於陰蒂海綿體的前庭區，男性在摸此處的時候，大部分的女性都會感到緊張。也因為如此，婦產科內診坐的椅子常被稱作「挫折之椅」或「屈辱之椅」，相信有婦產科內診過的女性都懂。這時候若引起陰道痛，可以藉由肌肉運動與呼吸，放緩身體。深呼吸時縮緊；吐氣時放鬆，動作重複十次左右。

隨吸氣吐氣，男性的手指慢慢插入，請記得，全程一點一點慢慢感受女性的陰道，大約1秒1公分最為適當。女性陰道口放鬆後，男性手指可伸到手指甲的深度，稍微停留，在陰道內出以畫圓的方式撫摸。此時，女性繼續呼吸，同時縮緊和放鬆骨盆肌肉，手指可以更容易接觸陰道表面，帶來各式各樣的刺激。

持續2到3分鐘，可以感覺到陰道上面的G點。G點在陰道裡面，是一個稍微有點厚實的部位，每個人位置不太一樣。有些女性會長在陰道口，有些女性則是長在陰道深處子宮頸部

附近，同樣用畫圓的方式刺激它。

　　平常做愛時，重點就是在刺激 G 點和陰蒂。陰蒂是打開性慾感覺的開關，所以陰莖插入時也要繼續撫摸陰蒂提高性慾感覺。每位女性的陰蒂的形狀與位置不同，也可以利用體位、插入角度與強度刺激陰蒂。

　　至於 G 點是女性陰道的一部分，G 點受到刺激的時候，能夠引起女性的超快感和強烈的性高潮。依目前相關研究仍無法揭曉 G 點具體的構造和定義。有許多女性在不能感受到性高潮的時候都會擔心「我是不是性冷感？」在此要特別說明，雖然 G 點是性敏感帶之一，但如果不能藉由 G 點感到興奮也屬正常範圍。有時候甚至嘗試刺激陰道多次都沒有任何感覺，大部分的人會覺得：「試過了，還是不懂」、「好難」，但身體與身體的接觸本來就需要花時間，就像兩個不認識的人從親近到相愛，花一段時間去體驗跟經歷吧！

尋找男性性敏感帶的黃金食譜

　　尋找男性的性敏感帶的方法跟女性一樣，從背部開始，再到身體正面。請參照前述，找到身體各處的敏感帶了嗎？

　　至於男性的生殖器分成陰莖與陰囊。陰莖又分龜頭、包皮繫帶和陰莖柱。大多數男性在 10-15 歲開始出現自慰行為，之

後經由數千百次的自慰後，明白撫摸自己的哪一處可以誘引射精。

　　雖然男性透過自慰行為可自我喚醒敏感帶，但還是有可能出問題。比如未能學習正確的自慰方法，導致刺激錯誤。因此，有些男性在插入女性的陰道之後沒有任何感覺，擔心自己是否為性冷感。曾有一位諮商女性問：「丈夫插入陰道後無法射精，一定要用口或手才能完成。那是我的問題嗎？」會發生這樣的問題大多與丈夫的自慰習慣有關。因為部分男性們有一個壞習慣會在稜角處搓揉陰莖，或者用大腿或手的力量強力按壓陰莖。

　　龜頭是性器尾端陰莖的一部分，以解剖學而言，與女性的陰蒂是同源器官。不過，大部分的人不知道陰莖與陰蒂的差異點。陰莖有一半顯露於身體外，一半在體內；陰蒂只有相當於龜頭的部分在身體外，其餘在身體內。而且女性的陰蒂大概分布八千多條神經，雖然男性的龜頭內也有流經好幾條神經，但其實包覆龜頭的包皮更充滿感覺。

　　大致知道這些解剖學知識之後，就可以嘗試抹上滋潤油輕撫龜頭，因為這個部位面積狹小，用一隻手指頭畫圓緩慢刺激它就行了。畢竟是敏感部位，男性很快就能感到興奮，想要插入。這時男性請深呼吸，慢慢感受刺激吧！尋找感覺強和弱的部位，給予不一樣的性慾感覺。

　　包皮繫帶是男性陰莖最重要的性敏感帶（包皮蘊藏豐富感覺，但很可惜的是大部分的感覺因割包皮手術而喪失），許多男性大多是藉由摩擦這部位達到射精。女性用大拇指畫圓撫摸的時候要注意：現在的目的不是射精而是找尋敏感帶，所以當產生強烈的射精感時，男性可以跟對方説，減少刺激。

　　接著到陰莖柱。陰莖柱的下方是愉悦的源泉，這裡一樣分布了各種的神經，大部分男性刺激陰莖下面與包皮繫帶能夠帶來興奮與想要射精的感覺。曾有報導：一位骨髓受傷的男性光是透過刺激包皮繫帶時就獲得性高潮，並且完成射精。

　　再來往下，陰囊裡有兩顆睪丸，刺激不能太強。手的移動方式一樣，但太用力可能會痛，必須調節力量與速度。一邊觸摸陰囊，一邊仔細觀察，可以發現從陰囊到龜頭有一條類似縫紉線，沿著線條由下往上輕輕移動。

　　尋找男性性敏感帶的旅程相對比女性看似簡單，但如果女性不熟悉男性身體構造，需要重複過程練習，熟悉另一半的敏感帶在哪裡、喜歡什麼樣的速度和強度。男性也要藉由女性的幫助成為契機，努力找尋新感覺。

　　雖然尋找敏感帶的難度有點高，而且大部分夫妻互相厭倦是因為不能確切知道對方的敏感帶，若是覺得「一生不能就這樣過下去」，有一個很好的訣竅是：**撫摸自己，展現最享受、**

隱晦、煽情的模樣給另一半看，直接告訴對方喜歡被摸哪，不喜歡被摸哪。

　　每次我推薦這個方法，都會有很多人被嚇到，但這個方法不僅能互相知道如何刺激對方敏感帶，又可以學到如何不帶著罪惡感或害羞，有自信地展現性高潮一面給對方看。相信自己的感覺，展現那番模樣給對方看的同時，可以感受到極高的親密感。

　　在嘗試之前，可以先用以下方式最為好的開始：

◆ 事前互相聊天。

◆ 準備放鬆的時間與空間。

◆ 來個溫暖擁抱融化不安與恐懼。

　　接著由其中一方先展現自慰的模樣。如果覺得有困難，戴上眼罩吧。結束後，再以一個溫暖擁抱當結尾，並且來一場回饋時間。回饋時，禁止嘲笑或玩弄對方。你們可以談論：覺得最難的是？最喜歡的部位是？自慰時的想法是？對方正在看著的感覺是？回饋結束後，再換另一方展現自慰的模樣，並依相同步驟進行。

　　另外，挑選自慰的氛圍。在寂靜的氛圍之下比較專注？還是跟另一半邊聊邊做會更好？提高沉浸程度的時候，有些人喜歡一個人享受的氣氛；有些人覺得和對方聊天，讓對方看自己享受的模樣更舒服。

當下一次做愛，回想對方的自慰模樣，並學以致用吧。畢竟即使對方給出那裡式敏感帶的解答，也不一定能一次答對。不要放棄，多試幾次，總會找到。

奧地利性科學家威廉・賴希（Wilhelm Reich）說：很多人都忘了身體的感覺。身體都穿上了盔甲，做愛當然沒有感覺。如果說有一個方法可以脫掉厚重的盔甲，那就是知覺接觸。請求另一半伸出援手幫忙卸下全身的武裝，讓比陽光更溫暖的指尖溫度融化阻礙彼此關係的高牆，好不好？

AV 重複看十遍也會膩

——尋找愛好

　　初次見面有了好感，其實就會開始被性所吸引，對另一方產生好奇，但同時也會擔心另一方對自己的性方面的行為是什麼反應。而戀愛結婚過程中，曖昧期和熱戀期的好奇與緊張，漸漸會轉換為舒服與自在。安定下感受到的幸福與性慾是兩回事，所以我們雖然透過結婚獲得幸福，但性方面卻可能反而變得不滿足。

　　因此，部分的夫妻結婚久了開始產生性冷淡，迴避性愛的問題。加上過完甜蜜的新婚期，來到懷孕與育兒時期，以及各自職場壓力或金錢問題造成衝突，自然而然，做愛這件事一再再地推延，彼此之間不再有所欲求，湧上一股不再被愛的孤獨與淒涼感。

　　性慾是本能，自然而成，但愛是努力與創意的行動。人類出生皆有性，但每個人享受性生活的方法不會一樣。人類出生於多樣社會文化，來自不同的家庭成長，各自都有自己的

經驗。因此，會有喜歡或討厭哪一種性刺激；害怕或期待想像哪一種特定性愛情境。科學家約翰・曼尼（John Money）將此現象稱為「愛的地圖（love map）」或「性愛地圖（sex map）」。就如每個人都有不同的個性，各自愛的地圖長得也是天差地別，我們要了解自己的地圖才能表達自我；若能看見對方的地圖，越能接近目的地。

房事不合，痛苦一生

了解性愛好之前，先要釐清我們對性的價值觀，因為不是每一個人都有性愛好。雖然大家對性的想法各不同，但大約可分為三類型：

1. 性是變態做的羞恥壞事。
2. 性是為了懷孕而做的事。
3. 性是彼此享受的愉悅。

僅有認為性愛是享受的第三類型人，才會談及性愛好跟取向。對於第一或第二類型的人來說，他們覺得講性方面話題本身是一個變態行為。例如我曾遇過一位諮商者，她四十幾歲時結婚，正準備懷孕中，可是一直不如所意，所以就從丈夫身上找不孕的原因：丈夫不能正常射精。我問她性生活是怎麼進行的，得到的回答是：「丈夫勃起的時候，我叫他快一點插入，

雖然插入很痛，但為了要有小孩，這一點痛我可以忍。可是，我以為他插入後立刻可以射精，結果丈夫一直在裡面動來動去，痛得快要撕裂了。」於是妻子對丈夫說：「快點射！很痛！」還拿起手機看，她表示看手機是為了減輕做愛時的痛苦和無趣，一副理所當然的樣子。所以丈夫當然無法射精，而且勃起也瞬間消沈。

　　所以可以理解，當第三類型的人遇到第一或二類型的人，這種組合會非常辛苦，以及產生挫折。在性愛諮商時，最常遇到的問題就是性慾不平衡，一方想要發生性關係，另一方則不想，兩人不斷為此吵架，並且不去解決問題，反而放任不管。如果還在戀人階段，可能會以「彼此個性不合」的理由分手；但若已到結婚生子的階段，情況就嚴重了。

百人百性：一百個人有一百個愛好

　　稍後再詳細探討性冷淡的問題，先談回性愛好。如果你不知道你的愛好是什麼？趁現在好好探究吧！要了解性取向的方式，主要在刺激性幻想，想要知道彼此的性幻想是什麼，有一個方法是互相幫對方準備情趣用品。大家都會選什麼用品呢？

　　加拿大魁北克大學研究團隊以 1516 名學生為對象調查大家是否有性幻想。結果 88% 男性和 85% 女性說有性幻想。

◆ 男性的性幻想	◆ 女性的性幻想
第5名：與初次見面的女性做愛。	第5名：三人以上做愛。
第4名：與成熟的年上女做愛。	第4名：被另一半壓制。
第3名：三人以上做愛。	第3名：與初次見面的人做愛。
第2名：在性愛中扮演服從角色。	第2名：口交。
第1名：以支配者角色，在性愛中成為王。	第1名：在陌生場所做愛。

　　性幻想，首先是視覺上的幻想。藉由變換衣服、動作和場所來刺激。衣服包括：丁字褲、緊身衣、性感內褲、高跟鞋、絲襪、凱格爾聰明球、陰莖套環、皮鞭等。在網路上搜尋「性感內衣」就會出現很多產品，大家可以尋找自己喜歡的。另外也幫另一半挑選禮物。丈夫幫妻子挑選穿上會喜歡的內衣；妻子幫丈夫挑選穿上會喜歡的內衣，互相送禮。想像「對方會希望我穿什麼樣的內衣？」能夠產生新的刺激。若再激進一點，穿上制服扮演醫生與護士，或學生與老師。做愛時的角色扮演可增添各式各樣的興奮。也推薦可以看有關性幻想的電影：《性福特訓班》、《格雷的五十道陰影》、《性版：男性的17種性幻想》等。

　　這裡也提供女性幾個可以嘗試的引起對方性幻想的「任

務」。第一、光著身體只穿風衣，與丈夫約在戶外見面，兩人一起逛街，待在車裡的時候把丈夫的手放到風衣鈕扣上，說悄悄話：「我裡面什麼都沒穿。」這時丈夫會意識到周邊環境，覺得慌張又激動，同時開始想像妻子脫光的身體。第二、給丈夫看乳溝照。聽到這些任務的女性大部分都會覺得驚慌失措，不過，勇敢嘗試各種穿搭和表情吧！看到丈夫的反應，妳的嘴角將充滿微笑。

　　轉換空間場所也是很棒的視覺刺激。撇除床上，在浴缸、餐桌、地板、沙發，或靠在牆壁上做愛也不錯。或者試試到旅館或車裡，如何？因為性愛不單純是床上運動，在淋浴間或浴缸裡一起洗澡的時候，彼此幫對方洗身體的行為也相當刺激，也可以用費洛蒙香氣的沐浴乳，互相塗抹在對方身體上。

　　除了視覺，聽覺的性幻想刺激也不錯。最簡單的方法是利用文字訊息傳送色情玩笑。在職場、地鐵或公共場所，甚至與朋友聚會時，收到另一半突如其來的調情，會變得興奮。比如：

　　「好想主人。」

　　「已經濕了。」

　　「親愛的，你那好大。」

　　「快來蹂躪我的嘴。」

　　「我的手伸進小褲褲裡了。」

　　「猜猜我現在穿什麼顏色的小褲褲？」

「用力地對我吧！」

「我想吃你那。」

「快來吸我。」

等等！每次我建議長跑戀人或夫妻發送這類文字訊息時，他們都會搖手：「天阿！我做不到。而且可想而知會得到什麼樣的回答，不是嗎？」他們預期對方出現的三種反應：「瘋了嗎？」、「你想幹嘛？」、「打起精神來……」但就算收到的回答是這樣，也別氣餒。不是都已經預知會有這些反應了嗎？而且那些回答的真實意涵為：

「瘋了嗎？」＝我現在嚇到了。

「你想幹嘛？」＝你想要我有什麼反應？

「打起精神來……」＝不知該如何是好。

如果對方平常就是一個呆板的人，當然會不習慣在夫妻溝通之間顯露真實情感。所以別因對方的回答而感到受傷，把自己當作糯米糕，黏到對方聽懂為止，就厚臉皮說：「因為我喜歡你啊！」這樣吧。

說出性相關的詞彙，能提升興奮感。彼德‧詹森（Peter Jonason）教授就曾研究做愛中的談話，而 87% 調查者回答會在做愛的時候說話。

1. 表達愛意：展現愛意與親密。

「我愛你。」、「你好美。」、「你好性感。」

2. 正面回饋：表達滿足。意涵自己想要繼續現在的刺激。

「親愛的，最棒！」、「好舒服！」、「好興奮！」

3. 服從：刺激對方的控制欲。

「盡情地對待我吧！」、「都聽你的。」、「我是你的。」

4. 指示：向對方表達自己想要的。

「用這個姿勢。」、「快點插。」、「大力一點。」

5. 性所有欲：確認或表達對方的所有權。

「你的胸是誰的？」、「你的××是我的。」

6. 感嘆詞：使用各種感嘆詞表達強烈感覺，偶爾也可以使用髒話，做愛中的髒話能夠理解成是「你讓我興奮了！」的意思。

「……啊！」、「×！」、「×死我！」

7. 性的支配：強行壓制、控制對方的意思。

「照我說的做。」、「不要頂嘴。」、「我說射才射。」

8. 性幻想：互相表達各自的性想像。

「要不要想像有人在看我們？」

「想像這裡是更衣室／醫院。」

「老師，不行。」（角色扮演的台詞）

　　看看他們都說什麼話，再試著回想自己和另一半又都說些什麼話？今天晚上來實驗一下，什麼樣的話最受刺激，誘引自己與對方的性高潮吧！若難以啟齒，先對著化妝室鏡子練習發聲：「我是你的！」

　　另外，相較於聽覺較沒有負擔的是觸覺刺激，可利用各種材質開啟身體的知覺，如：絲綢從頭到腳溜溜地滑下，其觸感有種令人說不出話的興奮（我推薦某對夫妻使用這方法之後，丈夫說每次一定會在床頭繫上絲巾），或者使用滋潤油提高愛撫品質。又或可以穿著衣服做愛，增加感覺，隔著衣服撫摸的性愛稱為乾式性愛，身體與身體間隔一層衣服反而更令人興奮。特別一點的日子也可以利用雞毛撣子、冰塊、夾子或成人情趣用品。

想要在××插進×××？瘋了嗎？

不過，對方的性幻想有可能超出自己能感受到愉悅的範圍，如：在大眾面前裸露、買陌生人穿過的內衣、直播觀看其他人發生性關係的畫面等。如果遇到，該如何接受這類性幻想？在心理學上，對於特定的行動，我們不去問它是否正常，可是需要檢視那個行動是否會毀了某人成長為成熟大人的機會？社會是否可以容忍？

那麼，假設兩人之間真的想要制定「正常」的範圍，其標準是？

第一，雙方都能享受。

第二，不會有人受傷。

第三，不需要擔心。

符合這些標準，只要是想要的，並且能夠滿足性慾的行為，無論此行為是什麼，都可以算是正常的（參考亞歷克斯・康福特（Alex Comfort）《性的愉悅（Sex of joy）》）。

現在，來找雙方都想要嘗試的性幻想吧！建議可以雙方各準備一張紙，紙折一半，一邊寫下自己喜歡的，另一邊寫下自己討厭的，寫完後互相交換，在對方的愛好之中，可以接受的畫圈（一項都沒有？那麼我建議再多學學性相關知識，或尋求諮商）。找到雙方都能接受的性幻想，可一個一個試做看看，

藉此每一次的性關係都能彷彿回到初次見面般的刺激。

　　當然，談過彼此的性幻想之後，發現雙方愛好不吻合，可能會產生失落感。但除了性的愛好之外，雙方喜歡的音樂或飲食本來就不可能完全一致，所以不用傷心。此外，也別強求別人符合自己的愛好，比如有人問說：「喜歡炸醬麵？還是海鮮炒麵？」沒得到其中之一的答案時，不應該責怪：「你為什麼不吃我喜歡的炸醬麵？」

　　因為每個人都有自己的愛好，你我可能不一樣，沒有錯，只是不同。若認為對方是「錯的」，很容易引伸成「那個人不愛我。既然愛我，就要配合我」的幼稚思維。檢視一下自己是否有這樣的想法吧！

　　曾經有一對夫婦因為雙方愛好不合，尋求諮商。本來，嫌做愛麻煩的妻子每次都說「下次做」，但在諮商結束後，她才終於理解：「我終於知道丈夫等我等得有多累。」丈夫則是表達：「我真是慚愧，完全不知道妻子的愛好。」

　　其實，做了好幾年的諮商，我發現一個很有趣的點：看診前明明很討厭另一半，可是當諮商快結束時，又會說「沒有比他更好的人了」。也許，兩人相愛的心意一直都在，只是關係稍微疏遠了？所以我們只要努力一點，就能產生新的火花。

做愛男女大不同

——女性性高潮

　　「妻子拒絕做愛。」、「她說會痛。」、「她很乾。」有這類煩惱的男性大多是不懂如何對待女性身體的人。甚至還遇過某位男性問：「找到陰道口，插進去不就好了？」

　　但性愛知識與學歷或常識是兩回事，雖然每個人喜歡的方式不同，還是有最基礎的概念：

　　第一，手部觸感是基礎中的基礎。尤其男性相較女性，不太在意皮膚，比如彈吉他或在工地做事的男性，手會變粗糙，而以這樣的狀態撫摸女性的身體，女性當然會不舒服。想讓手變得柔嫩光滑的最快速方法是，塗抹睡前護手霜，戴上塑膠手套睡覺，經過一夜，即刻擁有一雙軟嫩軟嫩的手。

　　第二，指甲記得剪短。女性的陰道構造由黏膜組成，非常脆弱。輕輕一碰都有可能會受傷，更不能用指甲刮。另外，愛撫生殖器的時候必須慢一點、輕輕地。

前往高潮沒有真正的公式

　　進入正題。前幾篇已講解過如何尋找女性的性敏感帶，現在傳授實際刺激女性性敏感帶的方法。我們身體的各器官都會連通到內心。而生殖器是掌管生命，新生命誕生的地方。若是對性產生罪惡感，或對懷孕育兒感到害怕，都會造成骨盆肌肉僵硬。尤其是女性若在社會上受到性的壓制，更是如此。

　　那麼，首先幫助緊張不安的另一半放鬆骨盆內僵硬的肌肉吧，此過程通常稱為「Yoni Massage[8]」。準備品只需要一瓶滋潤油，不過，冷油接觸到身體的時候促使身體更加緊張，所以先加溫滋潤油。另外，不要一下子就從女性的陰唇開始摸，先用手溫暖的包覆整個外陰部。然後，別忘了女性對性這件事也許很害羞，即使看似自我主見強的女性，在面對性時也可能是個害羞少女（所以說平時嘮叨的妻子也藏有想被愛的心）。

　　接著，雙手放在大陰唇，重要的是手指按壓的強度與速度。剛開始，以適當力量按壓，再稍微前後拉扯，或是上下搓揉。再來加多一點壓力，手指跟著震動。接著抓著大陰唇拉扯。拉扯的感覺像是在「擴大」。這個部位平常都藏在內褲裡，不太會被撫摸，所以需要一點點按摩，就可以放鬆僵硬的肌肉。然

8　源自於印度。Yoni 在梵文中有「神聖洞穴」或陰道的意思。

後，改以彈鋼琴 Do Ra Mi Fa So 的方式，每根手指依序按壓大陰唇，這時可以適當加壓來放鬆大陰唇。但別玩得太開心，要把注意力放在自己指尖的觸感與對方的反應上。演奏者是男性，女性會發出聲音，好好體會她們美妙的呻吟聲吧！

現在，手指在陰唇周圍畫圓撫摸。大家知道我們在緊張的時候，生殖器也會出力嗎？做愛的時候也會。當男性發出性邀請時，有些女性的生殖器會不自覺地出力。所以這時候可以撫摸陰唇周圍放鬆女性的心情，卸下緊張。小陰唇也跟大陰唇一樣，稍微拉扯一下，拉的時候要透過與另一半交流，找到適當的力道與持續時間。

手指繼續往陰蒂的方向，抓住整個陰蒂，往上拉後往下按，再左右稍微搖晃一下。有八千條神經流通的音地部位，當男性的手碰觸到它的時候，女性會突然捲縮。手指呈現夾子狀，夾住陰蒂也是不錯的方法。用兩隻手指緩緩地按壓陰蒂，左右摩擦，手指摩擦陰蒂時，女性能感受到更強烈的刺激。但畢竟它是非常敏感的部位，力道不能太粗暴。從輕開始，慢慢加重，持續1到 3 分鐘。

下個階段來到會陰部。這部位是支撐身體的最下方部位，可以分三動作來軟化這裡的肌肉：畫圓、振動和按壓。接著撫摸陰道口與陰道內部。雖然許多女性反應撫摸陰道內部沒有感覺，但無論是身體的哪一個部位，只要撫摸方式正確，就有相

對的感覺。只不過大部分男性都從色情片學到快速、強烈、不手軟的撫摸方式，導致疼痛阻斷了其他感覺，所以我們應該要反過來對陰道說：「沒事，嚇到了吧？對不起。」試圖重新喚醒陰道的知覺。

在此強調，**真正的公式是讓女性享受愉悅，並非所謂「強弱弱，中強弱弱」**。以下這幾個進入陰道的重點，請一定要記住：

◆ 愛撫完陰蒂和陰唇後才能進入陰道內部。沒有前戲就直接進去，女性不會有任何感覺。

◆ 手指進入陰道後深到指甲處，放鬆陰道口。稍微出一點力，重複進行畫圓摩擦的動作。

◆ 再往內深入約一根手指頭，順時針按摩。這邊需注意一點：手指不要「咻」進去，要配合女性的呼吸慢慢地。女性一邊吸氣吐氣，一邊放鬆陰道口的時候，手指再往內插入（陰莖插入時也是同一方法，女性一邊吸氣吐氣，一邊放鬆陰道口的時候，陰莖再往內插入）。

接著，如果女性面天花板躺下的時候，手指往 12 點鐘方向撫摸 G 點，但女性可能沒有任何感覺。我們先了解找 G 點的方法：一兩隻手指輕輕插入陰道內部，往肚臍方向彎曲手指，感覺到一個核桃般大的海綿體組織，那就是 G 點。每個女性的

G 點位置不同，且 G 點不一定是往 12 點鐘方向，也有可能存於其他方向，位置也會改變。所以再次強調，若女性沒有任何感覺，不代表不正常，只是性敏感帶不在這個地方。目前 G 點的存在與位置仍尚未有研究證實。

若找到了 G 點，該如何攻略它？首先，身體還未興奮的狀態下，不可能找得到 G 點。而且只主攻刺激核心敏感帶，很難達到興奮狀態。所以要在沒有壓力的舒服狀態下，找尋一個不被打擾的安靜場所，或許點蠟燭、放音樂或噴香水增加氣氛，互相聊天和撫摸後，這樣才有辦法刺激性敏感帶。

下一步驟，手指開始往肚臍方向撫摸。回想一下湯匙按壓布丁時搖晃顫抖的模樣，許多女性感受不到 G 點是因為過度強烈的刺激，因此，剛開始的觸摸要像羽毛般的輕柔，當女性開始慢慢有感覺，再加深強度。輕輕叩叩敲，不要只做一兩次，持續敲 20 秒以上。你知道被愛撫的女性覺得最惋惜的是什麼嗎？答案是「啊，那裡，如果可以再多一點……」動動手指或搖晃手指，彷彿在示意「過來，過來」。

雖然 G 點的攻略很難一次到位，但希望大家可以想像看地圖尋寶，走錯了幾回之後，最終找到寶藏的據點。

> ### 進階技巧
>
> 　　假設女性對 G 點的刺激沒有什麼感覺，請從反方向按壓。在刺激 G 點的同時，另一隻手按壓恥骨上的肚子，這樣會比平常產生更多的刺激。
>
> 　　還有另一個技巧是，一隻手刺激陰蒂，另一隻手撫摸 G 點。
>
> 　　另外還可以增加手指頭的數量進行按壓，找到適合女方的強度。

噴水、潮吹、女性射液

　　基於「想給自己的女人最棒的興奮感」與「看到自己的女人潮吹，我也很興奮」，男性最好奇的技巧之一是讓女性射液的方法。女性射液，又稱噴水（squirting）或潮吹（日文 Shiofuki）。女性可能會疑惑：「我也會射精嗎？不是男性才會射精嗎？」

　　先分享學會女性射液後，大家的心得如下：

　　「原來從我身體裡面會噴出這麼多水，真神奇。」

　　「毛巾濕了兩三條，伴侶看了之後更興奮。」

「身體產生強烈感覺，無法控制。」

「感覺身體變輕盈了。」

「跟性高潮感覺不太一樣，但噴出時可以感受到爽快。」

想要知道女性射液，首先要知道斯基恩氏腺（Skene's glands）。斯基恩氏腺位於女性尿道下段，外陰部入口附近。由於斯基恩氏腺不在陰道內壁上，所以無法直接刺激，但刺激G點部位，上方的斯基恩氏腺也會跟著受刺激。有時候女性射液出很多水，也會懷疑是否為尿液，大家意見分歧。不過，依經驗者的心得，他們都說液體無色無味，不同於尿液。

另外，根據艾曼紐爾・詹尼尼（Emanuele Jannini）教授指示：部分女性缺乏斯基恩氏腺，所以不是每一位女性都能射液。因此不能射液或不能享受射液的感覺都不用擔心，因為並不是個例。部分男性會性幻想女性射液，但以女性立場，在做愛過程中體驗射液是一件很困難的事，建議女性可以先透過自慰體驗射液的感覺，而且一個人試過以後，兩人在一起更有感覺。

如果男性想幫助女性射液，可以先試著依前面學習的方法刺激G點，並將手掌緊貼外陰部，刺激斯基恩氏腺。張開手掌，彎曲中指和無名指，以這個手勢，張開的手指支撐外陰部，彎取的中指和無名指插入陰道，搖晃震動G點部位。重點有兩個：

◆ 按壓強度與速度：女性射液需要強烈的刺激。

◆ 持續時間：需要 10 分鐘以上，中途休息或改換方向都有可能得讓刺激重新開始，所以維持一貫的刺激與方向很重要。

女性興奮後，斯基恩氏腺會膨漲紅腫，G 點變敏感，也會產生尿意，因為斯基恩氏腺緊鄰膀胱，斯基恩氏腺腫大會壓迫到膀胱。因此，無法避免憋尿。開始噴水時，男性不要抽手，繼續維持動作。女性則可利用骨盆底肌反覆收縮放鬆，同時刺激陰道內外。

除了 G 點你還知道 A 點嗎？

上述關於 G 點的刺激沒什麼感覺嗎？沒關係，這不是女性唯一的性敏感帶，所以換另一個女性的性敏感帶 A 點吧！很多人都不知道 A 點，A 點位於陰道後方、靠近子宮頸，需要藉由插入角度與深度來刺激。

我們有時候會喜歡深度插入，有時候會不想要，這是為什麼？假設其餘條件都一樣，答案是因為女性的子宮頸位置會隨生理週期改變。子宮頸在生理期間會往陰道方向下移。這時候深度插入，女性可能會感到疼痛；反之，在排卵期間，子宮頸部會往子宮方向上移，這時候可以很舒服的深度插入（不過，與子宮頸位置無關，太粗暴的活塞運動都有可能會痛）。

基本上攻略 A 點和 G 點是一樣的，重點是要知道撫摸的手指觸感。像是被關住的身體器官，需要利用手指的觸感尋找，找到之後，試著振動或敲打它，這時女性又能獲得不一樣的興奮感。

那麼，哪一種體位最適合刺激 A 點？

第一，牛仔式。女上男下，女性腳打開、跪騎在男性上面（整個坐下去會太重，所以藉由膝蓋跪在男性身體兩側分散重量）。女性藉由身體角度與臀部位置調整插入深度，手可以抓男性的肩膀或膝蓋。如果移動有困難，男性可以用手推女性的臀部，此時也可以用手刺激女性的陰蒂或胸部。

第二，後入式。女性跪趴著，男性跪膝從女性臀部後方插入。女性可以移動骨盆調整插入的角度與深度，這時雙方要配合活塞運動的節奏。而且這個姿勢是男性撫摸女性背部與臀部的絕佳機會，可以輕柔撫摸或粗暴拍打臀部，喜歡強烈一點的，也可以強力拉推女性的肩膀或脖子。

第三，變形後入式。類似瑜伽的下犬式，女性雙手支撐地板、額頭貼地板，雙腳可以併攏或張開找到最舒服的姿勢和舒服的插入角度。男性後背抱著女性，也可以透過這個體位產生支配感。

感受性高潮吧！

接下來教大家如何感受性高潮。進到女性們的網路社群裡，會發現「我也想要性高潮。」、「怎樣才能性高潮？」為主題的文章廣受歡迎。男性經由自慰與射精，非常了解自己性高潮的感覺，但即使是長期擁有性生活的女性也可能一次都沒有感受過性高潮的滋味。未能感受過性高潮的女性，可能有以下特點：

◆ 高敏感壓力。

◆ 強迫自己要感受到性高潮。

◆ 對於自己感受不到性高潮而焦躁不安。

◆ 如果沒有感受到性高潮，會對另一半感到抱歉。

◆ 過去負面經驗可能會妨害性高潮。

想要感受性高潮，需要利用各種技法。若至今仍在盲目地進行活塞運動希望獲得性高潮，請先確定是否有照前述所學找到敏感帶吧，好好刺激 G 點和 A 點。

利用陰莖刺激女性的外陰部與陰道口時，請把陰莖想成手指，啪啪地觸摸。插入後，利用骨盆與腰部移動，讓陰莖摩擦陰道壁。以下方式可以嘗試：

◆ 鏟起：龜頭由上往下插入後，觸碰到陰道上壁。

◆ 斧劈：龜頭從陰道口上部移到下部，像是在拿斧頭，輕

輕地往下劈。不是進出動作，而是上下移動。

◆ 啪啪啪：龜頭在陰道口啪啪啪敲打。眾多女性的陰道口藏有敏感帶，感覺會非常好。

◆ 淺插：只做龜頭部分的活塞運動，引起女性期待男性的進入陰道內。

當在進行這些動作時，有些男性會擔心「做到一半，勃起消氣」，那是因為陰莖太習慣強烈的刺激，剛好藉此機會喚醒彼此其他地方的感覺吧！偶爾也會有很想深度插入的時候，尤其沒有嘗試過在陰道口進行活塞運動的人更容易有這種想法。但一樣放寬心地享受陰道口的性感及 Q 彈觸感。

此外，**深度插入能帶給女性愉悅，是一種偏見。**雖然部分女性要藉由深度插入得到性高潮，但大部分的女性只要一隻手指頭的插入就足夠。這兩種模式可就能感受到舒服：

◆ 九淺一深：九次淺插，一次深插。

◆ 弱入強出：插入力道弱，拉出力道強。

有人可能會問速度要快慢？答案與兩人的喜好有關，她喜歡粗暴強烈的性愛嗎？還是喜歡溫柔體貼的性愛？先從慢的開始，融合兩個人的速度才是最棒的享受。一起感受節奏，找到兩人的速度吧！

用身體說愛

—— 男性性高潮

　　學完女性的性高潮技巧，現在換男性的性高潮技巧。我們已討論過男性的性敏感帶，那該如何撫摸這個敏感部位呢？建議可以畫一張手摸陰莖的路線圖，並將路線圖放置旁邊，實際與另一半操作一遍。想一下對方做出「這個好。不是這樣。不，再用力一點……嗯，這個好。」的反應，那般愉悅的模樣。

　　準備事項與給男性的建議一樣，第一、手要柔軟；第二、撫摸時調整速度、強度與按壓力道，在撫摸的過程中，若能感覺到哪一種模式最有效果，記得要持續一段時間不要停。

讓男人動彈不得的手技巧

　　首先，幫男性的身體抹上滋潤油，此時要注意按摩油的溫度要夠高。拿出大碗公裝水，利用蠟燭製造餘光。滋潤油則裝入小碗裡加熱，保持油的溫度，在撫摸的過程中隨時能夠添加

使用。可以按照以下步驟進行：

1. 一手抓著陰莖根柱，另一手往上撩。記住：陰莖下方部位藏有很多性敏感帶。

2. 利用大拇指按壓陰莖下方部位。

3. 手指慢慢往上移動到龜頭，以畫小圓的方式一點一點往上。

4. 一手抓著陰莖柱，另一手抓著龜頭，順時針方向轉動陰莖，折的力道太強會出事，一定要輕慢地轉動。

5. 用手不停地摩擦陰莖，拇指與食指間的虎口用一點力。

有一行動療法，名為阿拉伯擠奶法（JELQ），利用此療法撫摸，不僅能誘引男性性高潮，且在持續反覆撫摸之下提升勃起的力量。基本的方法是兩手交替往上摸，方式如下：

1. 兩手握住陰莖旁側，往上撩。兩手交替往上摸陰莖的各部分（根部、柱、龜頭），這個方式停留1至3分鐘。

2. 兩手抓住陰莖的上下。一下靠近一下遠離，用手感受陰莖的感覺。

3. 以鑽木取火的方式兩手搓揉陰莖。太大力的話，男性會覺得痛，要慢慢地輕揉。可以上下移動找尋刺激點。

4. 以擰乾衣服的方式兩手扭轉陰莖，這時也不能太大力，用手腕的力量輕輕扭。

如果想多給一點陰莖壓力，試著在交疊的兩手中間塞入陰莖，上下移動。整體移動或只在龜頭部位移動都可以，給對方多樣的愉悅感。

1. 以祈禱的方式雙手合十，將陰莖夾在手的隙縫中。
2. 展開大拇指刺激下方部位和包皮繫帶。依據大拇指的展開度與力道產生不同的刺激。

接著，撫摸包皮繫帶。上課時，我將包皮繫帶取名為「啊啊啊真好的點」。包皮繫帶等同於女性的陰蒂，帶給男性非常「好」的感覺。利用拇指畫圓刺激這個地方，速度可快可慢，專注觀察他的表情、眼神和呻吟。

1. 想像陰莖柱是寶特瓶，龜頭是瓶蓋。轉開瓶蓋，以兩手抓著柱子和龜頭的姿勢輕輕轉動包皮繫帶。這時候運用手腕的力量，只用手指的力量，女性會很快就會沒力。
2. 整隻手抓著龜頭旋轉，速度反覆快慢。

再來是陰囊。陰囊是保護睪丸的口袋，這裡也是會讓男性心情愉悅的地方。

1. 以夾子的方式用手輕輕拉扯陰囊表皮，陰囊很脆弱，不一小心就像電視或電影裡男性被踢到睪丸做出痛苦表情的畫面一樣，要細心對待它。

2. 一手抓陰囊，另一手抓龜頭搖晃。搖晃幅度小，感覺像是振動。透過搖晃可以增加男性的興奮感。

3. 現在換撩的動作，前面是從陰莖開始撩，現在換由陰囊開始撩，一次刺激兩個部位，興奮感加倍。

4. 利用拇指與食指轉動兩顆睪丸，輕輕轉動，傳遞細柔的抖動，興奮感會從陰囊到陰莖，再由整體骨盆爆發出來。

聽過攝護腺性高潮嗎？攝護腺位於男性會陰部裡面，雖然不能直接碰觸，但能透過攝護腺周圍的部位。主要是會陰部或肛門，間接刺激攝護腺。可嘗試用一兩隻手指適當力道按壓，在會陰部上畫圓撫摸，輕輕刺激皮膚表面，強弱中強弱，以各種按壓力道與速度，找到適合自己的撫摸方法。

經由肛門刺激攝護腺的方法與刺激女性陰道的方法相同。若深入肛門進行撫摸有困難，撫摸肛門周圍也可以。事前準備如下：

◆ 畢竟是容易有味道的地方，要先沖澡。

◆ 肛門是很柔弱的部位，要先剪指甲。

◆ 以最舒服的姿勢進行。

◆ 肛門沒有自體潤滑劑，一定要額外使用滋潤油。

撫摸肛門的時候，男性跪著趴下露出臀部，女性從男性的臀部後方開始用手摸。手刀沿著股溝向下滑，兩手交替也很好。

似摸不摸的觸感可以帶給男性奇妙的感覺。下一步驟是展開大拇指到肛門周圍畫圓撫摸，男性會有三百六十度軟綿綿的刺激感，這時再用手指抖動肛門部位，將振動傳遞到臀部深處。放鬆肛門口後，手指稍微伸入肛門內。記住，若太快戳進去，可能會產生劇烈疼痛，要慢慢地一點一點伸進去。

減輕男性對於做愛的重任

努力愛撫過後，男性的陰莖還是起不來嗎？許多女性碰到這種情形會感到慌張不已。但愛撫的目的不在於讓陰莖勃起，而是放鬆身體，所以別太過擔心。愛撫男性最好的訣竅是讓男性處於一個不緊張也不備感壓力的狀態，因為當男性有壓力的時候會分泌皮質醇（Cortisol）抑制性慾。而且，男性也跟女性一樣受氛圍影響，一想到房門外有小孩在玩樂，很容易勃起不久後又馬上消氣。因此，假設是夫妻，會需要一個不被打擾的時間與空間（在焦躁的狀態下，女性也無法專注手技）。

如果因為丈夫做錯事，看他的臉就討厭，或自己在公司弄砸工作，心情不好的話，會怎樣？心情不好時，就以夫妻之間的關係而言，還是不要愛撫來得好。性關係是人際關係的延伸，平常不親密的夫妻在床上也會八字不合。

在好的氣氛跟心情下，對男性展現愛的手法吧！撫摸動作

持續的時候，男性可能會有想射精的感覺，這時可以忍住深呼吸，或者請女性用手按壓龜頭下方部位降低射精的感覺。不過，若撫摸動作已都完成，體驗高潮爽快的射出來也無妨。反之，想帶給對方愉悅的感覺卻不如意，建議可以多加利用道具練習，女性可以拿著香蕉或小黃瓜，男性則拿橘子或布丁練習。

其實性關係要好，不單是技巧好的問題。受社會環境的影響，刻板印象認為女性要聽話乖巧；男性要強悍。因此，男性很難誠實表達自我感情，特別是告訴對方自己性方面的弱點，更是不可能。若有人揭穿和觸犯到男性不自己承認的性弱點，大部分的男性都會忌諱不談。外表散發「強悍男子」、「持久男子」的氣勢，其實內心們非常焦躁不安：「萬一勃起不振，怎麼辦？」、「如果太快就射，怎麼辦？」、「若她對我那根大小感到失望，怎麼辦？」

所以當來到性高潮最終階段，也就是大王對決的最終盤：選擇射精的地方。男性在做愛時都會想要扮演支配者的角色，想照著色情片演的那樣做。所以女性接受射精的姿勢如果煽情，展現服從的態度，會讓他們產生極大快感。

那麼，先來談談除了陰道之外，還有哪裡可以射精？

◆ 口射：射進口中。女性可能不知道該如何處理精液。站在男性的立場，看到女性吞下精液的感覺會非常好，但沒有

所謂的正確作法，所以女性可以根據自己的愛好選擇吐掉或吞下。（關於口射，之後會再詳細解說）

◆ 手射：用手完成射精。射精的那一刻，手不馬上放開，非常緩慢輕柔地感受陰莖整體的感覺，讓性高潮擴散至全身。親自用濕紙巾幫男性擦拭陰莖上的精液，被愛感加倍。

◆ 臉射：受色情片影響，許多男性的性幻想是射在臉上。這個動作可以讓男性強烈感受到女性的服從，但也有女性討厭被射在臉上，如果不喜歡，一定要明確表達拒絕。

查爾斯・阿佐帕迪（Charles Azzopardi）曾說：人會變得不幸，都是因為我們以對方不能理解的方式向對方表達愛意。我們學過很多種表達愛的方法，但必須檢視你使用的方法是否為對方想要的，以及是否有用對方能夠理解的方式表達。此外，確切知道自己想要對方如何愛自己，並告訴對方，也很重要。畢竟，你的性愛技巧可能使另一半陶醉，也可能讓他覺得不安。所以，了解自己另一半的性慾模式非常重要。

但怎麼可能知道所有人的性慾模式？雖然我可以教大家「一般來說，會這樣做」，但也許這個「一般」並不適合你和另一半。所以最好的方法就是直接詢問，要能跟另一半輕鬆談論性方面的話題，如：「摸這裡，我的心情會很好。」、「那裡，我完全沒感覺。」、「對，就是那裡！摸那很舒服！」

　　就像你背部癢時，不會只請對方「隨便幫我抓幾下」，請說得詳細一點，比如：「上面……稍微下來……不是，往左邊一點！」尋找性敏感帶跟請另一半抓癢的方法，明確給予指示吧。

　　無論是夫妻或情侶，並非一開始就能有這樣的溝通，但不要害羞，要大膽說出來，雖然另一半可能想要或不想要和你溝通，但最重要的是營造最舒服的氛圍，慢慢地進步。

今天插入有負擔的話
──口交

　　有一對中年夫妻，結婚數十年，夫妻感情依舊恩愛，享受彼此的性生活，但有個問題是：更年期的妻子的陰道由於愛液不足導致乾澀，而插入進行活塞運動時就會有撕裂般的疼痛。

　　30 歲初的妍兒也因為陰道乾澀的關係，導致插入時感到疼痛。她跟想每週做一次的丈夫吵架時，丈夫說：「我要重新思考這段婚姻，我沒辦法跟妳這樣生活！」而妍兒覺得：「真的很痛，如果丈夫想要做，我還是必須拒絕嗎？只要不插入，一切都好⋯⋯」。

　　面對陰道乾澀或患有陰道痛的困境下，我們最優先的辦法是解決根本原因，如：消除對性愛的負面認知、改變愛撫的方式。而關係不錯的伴侶會說：「看到對方痛苦的模樣，真的很想和她一起解決問題，沒有其他方法了嗎？」因為性愛不單純是陰道與陰莖的結合，而是身體與身體之間的對話。所以如果「不想要插入」，建議可以嘗試插入以外的性愛。

　　我向妍兒提議：「改以口或手，甚至其他部位進行，如何？」她的回答是：「那不是愛撫嗎？如果可以用這樣的方式解決，我每天都可以做。」

陰道也有想休息的時候

　　有些人已經很熟悉不插入陰道的性愛，但有些人會問：「這有可能嗎？」甚至有人問：「女性在不方便插入的狀況（如生理期、陰道炎）之下，一定要做愛嗎？」

　　我想強調，這一切最重要的是兩人的關係，還有女性的心情。假設身體還沒準備好，不想做愛，那不做是好的；但如果身體還沒準備好，可是想藉由性愛感受彼此的愛與親密呢？或者，想藉由陰道以外的地方感受愉悅？這個時候，陰道插入之外的性愛就是不錯的選擇，這樣的性愛模式不僅能適用於陰道乾澀的時候，也適用於患有陰道炎或生理期來的時候。

　　挑戰陰道插入外的性愛還有另一層含義：找尋未曾體驗過的做愛方式。

　　我有個個案是 50 幾歲的淑英，她來到諮商室表示「丈夫偶爾不能勃起。」尋求可以幫助丈夫勃起的方法，問：「我該怎麼做？」她說每次和丈夫做愛都是乖乖躺在床上，但最近丈

夫會要求她撫摸，她的反應是：「我都沒肉眼看過，怎麼有辦法摸！」聽到這番話，我驚訝極了。結婚數十年的夫妻，竟然彼此沒有摸過！那，她的丈夫過去以來是怎麼勃起的？

所謂的勃起是陰莖、陰蒂和乳頭受刺激的反應，變大或變硬的現象。勃起是藉由心理因素、神經因素、血管的流動與賀爾蒙作用等複雜交錯進行後出現的反應，簡單地說，它發生在「性方面興奮的時候」。男性勃起分三種：一、自動勃起。10幾或20歲的男性時不時就會勃起，偶爾也因自動勃起而感到慌張；二、因觸摸而勃起。通常是在做愛中與對方的身體接觸引起；三、早晨勃起。常聽到人家說「內褲搭帳篷」，就是在睡眠中發生勃起現象。

淑英在丈夫50歲之前都是倚靠第一種勃起狀態維持性生活，如果第一種狀態難以發生，才換成第二種。透過學習，淑英才學會使用幾種手技或口技，提升他們性生活的滿意度。

大家過去無意識地認為只有插入陰道才是做愛，但如果學會用手或口的性愛，或利用胸部、陰蒂、大陰唇的性愛，又或使用情趣用品的性愛，不插入陰道也能感受到不一樣的滿足。方法其實很簡單，以陰道外的身體部位刺激對方的性敏感帶就可以了。刺激敏感帶的動作有很多：

摸、滑、抓、敲打、摩擦、推進、搓揉、刺入、輕撫、纏繞。

安撫、抱住、撫弄、吹氣、拉扯、夾住、刨刮、用手彈、捶打。

抖動、拍打、搖晃、搔癢、摳、咬、舔、壓、吸、按、攪動、輕輕的抽。

運用以上動作，我們首先來聊聊口交做愛。

口交性愛技巧

◆ 親吻

嘴巴「啾」親一下陰莖。然後如同法式親吻，從龜頭到睪丸，親吻每一處，慢慢感受嘴唇與嘴巴碰觸到陰莖的瞬間，它在顫抖。這時候鼓起勇氣四目交接，將對方的愉悅昇華至最高頂。

◆ 長舔

使用舌頭長舔。觀察陰莖下面，中間會有一條稜線，這部位稱作尿道海綿體（Corpus spongiosum penis），以此為中心，從睪丸到龜頭長舔。

◆ 捶打龜頭

龜頭是男性性器最敏感和興奮的部位。用舌頭上下左右刺

激龜頭，一下輕柔，一下強烈，或用舌頭敲打都能增加愉悅感。

◆ 漩渦

用舌頭從龜頭開始畫圓，建議以固定方向畫圓，舌頭持續移動刺激。

偶爾換方向也可以，也能利用舌尖輕輕地刺激尿道口。用舌頭搓揉龜頭正中間也是不錯的方法。

◆ 口做活塞運動

利用口部代替陰道進行基本的活塞運動。但陰莖過度深入可能會引起反胃，只要做到口腔能塞進去的部分即可。

◆ 吸吮

想像吃糖吸吮的動作。以口吸吮男性的性器，不用過深，找到男性喜歡的那個點更重要。找到點之後，維持吸吮的動作（這時候可以邊吸邊用舌頭舔）。

◆ 吹氣

對著龜頭輕輕吹氣，口中吹出來的風溫暖龜頭，能帶給男性新的刺激。

◆ 口手一同

口手同時做基本動作。口交陰莖的時候，手也一起動。比如，一邊吸吮陰莖，一邊用手摸睪丸；口入陰莖的時候，睪丸進入虎口，再同時一起出來，刺激陰莖柱。

◆ 四目交接

與男性四目交接時，親密感會大幅增加，身體更加火熱。如果女性是以跪膝姿勢刺激陰莖，男性將非常能感受到女性服從，在這種姿勢下，滿足其強烈的支配慾。這個時候四目交接，是增加親密感的好方法。唯獨一邊口交，一邊抬頭可能會有困難，如果四目交接太久會不舒服，大概對眼 2-3 秒就可以了。要是太勉強反而會讓氣氛變尷尬，降低性興奮。

◆ 愛撫睪丸

愛撫睪丸最簡單的方法就是親它。嘟嘴輕輕地濕吻。如果男性喜歡睪丸親吻，可以往下一階段用舌頭舔它和按摩。舌頭最好維持平攤蓋住睪丸。以口愛撫睪丸的最強烈方法是輕輕含住，用舌頭按摩它。這時候需要使用大量唾液，帶給男性柔軟的感覺，也可以使用潤滑劑。但不是每個男性都喜歡愛撫睪丸，因個人愛好不同，要觀察男性的反應做選擇。

◆ 吸舔陰囊

刺激陰囊的方法與陰莖相似。陰囊表皮褶皺，看起來粗糙，其實非常柔弱。剛開始請先輕舔，再慢慢吸，然後經由與對方的溝通調整強弱。建議男性主動講「再大力一點」或「小力一點」，可以讓女性安心地愛撫它，有些男子會不好意思開口說「輕一點」，希望可以拋開女性喜歡強悍男子的偏見。

◆ 多重遊戲

一手愛撫陰囊，另一手輕壓會陰部，此外同時以口攪動男性的陰莖，同時刺激三處，男性可以獲得新的性高潮。

還能藉由以下簡單的用品增加情趣：

◆ 汽水

含著汽水用口愛撫陰莖或陰囊，噗滋冒泡的碳酸碰到陰莖表皮時，又有一種不同的新鮮感。

◆ 糖果

放幾顆小薄荷糖含在口中愛撫陰莖或陰囊。軟綿綿的嘴巴和硬邦邦的糖果可以同時刺激到男性的陰莖。而且女性嘴巴甜甜的，有助於掩蓋陰莖散發的味道，減輕負擔。

◆ 鮮奶油

給男性的陰莖帶來更多甜蜜與柔軟感。

◆ 振動器

多數人都覺得振動器是為女性打造的情趣用品，不太常用在男性身上，所以許多男性對振動器的刺激反應是「喔！這是什麼感覺？」。可以戒指形狀的振動器用來抽動男性的龜頭或陰囊周圍，剛開始會想說「感受不到什麼」，但感覺會漸漸湧上。

◆ 內衣或小物品

準備性感的內衣增加視覺刺激。如果知道彼此的內衣喜好，會更有幫助。假如有 SM 性幻想，也可以準備手銬或眼罩。

口交的時候，有什麼體位嗎？以下幾種姿勢，可以讓人感覺與插入陰道不一樣的樂趣：

◆ 臉放在陰莖下面的姿勢

男性於支配位置征服女性，可以帶給男子他的伴侶非常服從的感覺。女性在床上躺在枕頭上；男性騎到女性胸上，將陰莖遞到女性的口中。女性可利用枕頭調整嘴巴的角度，每個男性的陰莖位置與擺動角度些微不同，要配合移動。一開始先刺

激陰囊部位，再慢慢往上到陰莖和龜頭（請注意，男性用手抓女性的頭推深，女性可能會空嘔或咳嗽）。

◆ 沙發姿勢

男性躺在沙發上，女性跪膝坐在地板，眼睛對著陰莖愛撫。由女性主導的話，男性看到女性在幫他刺激的模樣更興奮。

◆ 站立 69 姿勢

女性躺在床上，但頭伸出床外，脖子掛在床邊，頭往後仰，男性站在女性頭旁，將陰莖塞入口中。雖然仰頭會阻礙女性愛撫的專注度，但男性可以往下看到女性的全身，是非常有誘惑力的姿勢。這時，男性也可以愛撫女性的乳頭。

精液可以吃嗎？

口交開始前，可以和伴侶要事先說好要射在哪裡。有些女性可以接受口射，但也有需女性不願意口射。在未同意之下進行口射，女性會感到非常不愉快。

如果不喜歡口射，可以在口交後，利用手技完成射精。另外，如果陰道插入不會不舒服，也可以射入陰道內。最後還有一種方法是射在臉上或身上，眾多男性受色情片影響，希望可

以射在這裡。不過，非每個女性都願意射在自己的臉上。如前述所說，射精地方不僅限於口中，還有其他地方。

若女性同意口射，可能會不知道如何處理口中的精液，這時有兩種選擇：

1. 無法忍受精液的味道就吐掉（但不要在男性面前吐，悄悄吐到杯子裡）。

2. 願意的話，吞下精液是沒有問題的。

等一下！所以，精液是可以吃的嗎？會不會對身體有害？以結論而言，是可以吃的。男性的精液包含鈣、鈉、鎂等數多種電解質，所以精液會有一點鹹味。此外，精液還包含少量的果糖與葡萄糖，以及修復肌肉的必備蛋白質。

另一方面，精液蘊藏各種化合物，研究指出這些化合物對身體有益，由催產素（Oxytocin）、過氧化氫酶（catalase）、穀胱甘肽（glutathione）、維他命 C（vitamin C）、亞精胺（spermidine）等抗氧化劑與抗老化劑混合而成。不過沒必要因此勉強自己吃精液喔！

被口交時，他心裡想……

　　女性以口愛撫時，男性的感受是？心裡是怎麼想的？來聽聽男性的實際回答：

　　「我會故意想其他的。擔心太過刺激造成太早射精。」

　　「有時候沒任何感覺，但看她那麼用心，所以帶著抱歉的心情乖乖坐著不動。」

　　「誠心誠意用口服務我的她真的很可愛。」

　　「我們屬於會誠實說出來的人，正確刺激到喜歡的地方時，那感覺很幸福。」

　　「牙齒碰觸的時候，會想痛到尖叫。但男子漢不能展現柔弱的一面，只能忍著灑幾滴眼淚。」

　　「與妻子一同下班時，把車停在閑靜無人的地方進行口交。外面的刺激與不同於在家，妻子的模樣……太性感了。」

　　「久違的兩人時光，在客廳看了電視，妻子洗好澡穿上漂亮的內衣，跪在我面前幫我口交，讓我歡愉。至今我仍無法忘懷當時龜頭稍微被咬一下的刺激感。」

　　雖然大部分的男性都很享受女性的愛撫，但仍有些人透露出沒有感覺或感到疼痛的心情。那該如何確定男性真的有感覺？首先，許多女性都以為男性喜歡強烈、粗魯的刺激，但對不安於「太快射」的男性而言，一開始就受到強烈刺激，心理

上可能會有負擔。所以，剛開始的速度要緩慢，藉由緩慢輕巧的刺激，充分感受口與陰莖交織的感覺，全身會逐漸充滿興奮。

　　此外，以口愛撫時，須保持濕潤，這個道理跟陰道乾澀時會感到疼痛是一樣的。嘴巴太乾、不足以口水當潤滑劑時，可以使用可食用的滋潤油。

　　態度也很重要。思考一下，假如身為男性，妳會喜歡乖乖坐著，在一片寂靜中愛撫的女性，還是會喜歡用心舔陰莖的女性？這裡說的態度不僅限於口交性愛，適用於每一種關係。所以，試試看一邊用口吸吮陰莖，一邊用手抓著男性的臀部，散發出「我想要你」的信號。或者，一邊口交一邊發出呻吟也不錯。再不然，嘴咬著陰莖，對他說：「主人，你好大。」講一些對方想聽到的話，展現最狂野的一面給他看，對妳來說也是很狂熱的事。

　　口交時，不是只愛撫陰莖和陰囊，撫摸臀部、會陰部、肛門、大腿等其他敏感部位更棒。傾聽另一半身體發出的聲音也很棒。男性想要做愛，不僅是為了滿足生理上的欲求，也渴望性愛的愉悅。

用胸部和陰唇做愛吧

　　除了口交，還有別的地方嗎？其實胸部也是很適合做愛的

部位。有些女性可能會煩惱：「可是我的胸部很小耶！」其實，胸部的愛撫主要是女性的愉悅。彼此身體抹上滋潤油，女性用自己的乳頭，從男性的腳趾開始往上磨擦。下一步陰莖愛撫時，則將陰莖放在乳溝做活塞運動。如果胸部無法集中，也可以只用乳頭刺激，反正還有嘴巴和手。

利用陰唇愛撫的方法也和胸部相同。在陰蒂和陰唇抹上滋潤油，男性乖乖躺在床上，女性以騎乘式體位坐在他身上，用自己的生殖器刺激男性陰莖的底部，拉鋸般上下移動，女性一樣要專注在自己的興奮。步驟如下：

1. 陰蒂和龜頭互相打招呼。當兩個部位靜靜碰在一起，陰蒂裡的八千條神經與龜頭裡的四千條神經交流。全神貫注身體的知覺，感覺到彼此如同磁鐵相吸。

2. 接著，陰蒂上下左右移動愛撫龜頭，這時女性仍要專注在自己的感受。

3. 最後，從睪丸到龜頭上下愛撫。女性藉由陰蒂與龜頭的交流產生興奮，流出愛液。這時可以濕潤的部位從龜頭開始包覆整個陰莖，慢慢上下移動，想像握手時兩手緊抓的感覺。

溫柔的回饋，更能分享親密

在這一篇，傳授除了陰莖與陰道交流以外，利用口部、胸

部、陰唇等做愛的技巧，請不要貪心一次想做到好。而且，每個人的取向愛好不同，就像有些人喜歡深喉插入，有些人完全不在意深度；雖然有些人幻想射精在臉上，但也有人會有負擔；有些人希望可以同時撫摸陰莖和睪丸，但也有可能被認為這樣太散漫。想要知道對方的取向，唯一方法就是直接體驗。

嘗試新方法時，如果自己覺得不舒服，一定要確實告訴對方。許多人不喜歡在做愛後互相分享回饋，但分享回饋的最佳時機點就是彼此性高潮完不久後。這時兩人共享親密與舒服的感覺，比較容易開啟性方面的話題。

回饋的第一階段是說出喜歡的地方，下一個階段則是可以改善的地方，例如：女性以口愛撫男性陰莖時，男性身體散發出令人不開心的味道。可以這麼對他說：「第一次幫你愛撫，看到你興奮的臉真性感。但下次若要嘗試這樣的做愛方式，我想一起洗澡再開始。」反之，如果女性的愛撫太粗暴，男性可以這麼說：「妳嘴唇碰觸到龜頭時，讓我神迷顛倒，但下次希望可以再輕一點，牙齒不碰到陰莖柱。」因為性愛話題比其他話題都要敏感，直接回：「你的味道讓我不舒服！下次先洗一洗。」對方之後大概會直接避開發生性關係。

聽取彼此的欲求，學習對方喜歡的做愛方式，以及理解對方不舒服的地方都是非常重要的態度。再好的技巧也比不過溫暖的照顧，更能讓對方感受到愛意。

PART 2

親愛的，洗好了是什麼意思？

你不做會死嗎？

——無性婚姻

　　結婚第 7 年的熙媛憤憤地説她不想再看到丈夫了。她表示丈夫總是喜歡在她洗碗的時候從背後抱住親吻她，接著開始摸她的胸部，她不喜歡在孩子面前做這種害羞的事。但表達以後，丈夫卻生氣：「那我們何時做？」熙媛無話可説。

　　「這男人都不好奇我在想什麼、平時過得如何，只會窺探何時可以做愛，我還能信得過他，和他過一輩子嗎？」

　　熙媛從結婚之前，對於身體接觸或性關係方面就是屬於害羞、小心翼翼的人。雖然不到討厭，但連牽手都會不自在。後來遇到現在的丈夫，她能感受這個男人非常愛自己，可以守護自己，累積對他的信任與信賴後，兩人結了婚。

　　懷孕生產後，熙媛辭掉原本的工作，專心帶孩子，當然也是因為丈夫希望她專心當一個媽媽。雖然辭掉了工作，但在孩子進幼兒園之前，日子卻過得比上班還要辛苦。熙媛算是體力弱的女性，然而孩子是不會乖乖吃飯與睡覺的敏感體質，令她

很疲倦。至於丈夫做了什麼？丈夫雖然會幫她，但真的只是「幫忙」，最終負責養育孩子的人還是熙媛。

　　某天，丈夫半夜將睡著的她叫醒，要求做愛。她瞬間怒氣爆發，發了脾氣。她無法理解丈夫的想法，也不想要理解，甚至說：「我覺得自己成了某種職業女性。」丈夫求愛，妻子拒絕，反覆重演幾遍後，兩人自然而然地成為無性夫妻，熙媛也乾脆以哄孩子睡覺為由分房睡。隨時間流逝，孩子上了幼稚園，熙媛開始比較游刃有餘，但她仍然討厭丈夫，因丈夫不理解她而感到鬱悶和孤單。

做愛？世界上最簡單也最難的事

　　尋求諮詢的人千奇百種，其中有戀人，也有單身，但佔最多比例的還是夫妻。上述的熙媛案例就是在夫妻諮商中最常遇到的問題。熙媛一點也不好奇丈夫的想法是什麼嗎？他真的是一個不管妻子累不累，只想做愛的野獸嗎？我們來聽聽丈夫怎麼說：

　　「您好，我結婚 7 年，是一位至今仍然非常愛我妻子，覺得她很漂亮的丈夫。關於討厭做愛的妻子，我很苦惱。手一碰，她就會自動反射將手挪開。我不是問題男子，很會賺錢，在家也是家政丈夫。你問我為什麼這麼認為嗎？下班後回到家，我

會幫辛苦的妻子準備晚餐和洗碗。因為自己創業，經常需要與人應酬，老實說回到家，我只想要休息，但知道妻子很辛苦，所以很努力想要幫她。吃完晚餐後，晚上默默求愛……老實說我問的時候很看她臉色，因為不知道她今天心情好不好？會不會問了被拒絕？想了很多，慢慢靠近妻子。但妻子總把我當作只想做愛的變態，距離上次已經 3 週了，我很累，甚至讓我想起前女友。看到身邊認識的有婦之夫，也有人交了小三女友，我還在想是不是也該這樣做。當然是開玩笑的！大家都說家人間不應該是這樣的，真的嗎？」

　　熙媛知道丈夫的想法後，受到很大的打擊，並問：「我該怎麼做才好？」她依然愛她的丈夫，想要積極改善兩人的關係。感覺彼此之間做愛次數太少的時候，大家一開始都會先從本人年齡層的做愛平均次數開始網路搜尋，如「30 歲夫妻的做愛平均次數」。雖然好奇自己想要做愛的想法是否為不正常？彼此的性關係次數少是對的嗎？但這種問題也不太能去問別人，只好網路搜尋。不過，要注意的是，夫妻關係不能以統計數據解讀，別人做幾次、用什麼方式做來獲得性滿足，都與自己的人生無關，性是屬於彼此兩人私密的特別關係。

　　以下說明幾個關於性慾差異的誤解：
　　第一、認為次數有問題，有人說「結婚了，依然孤單」。

所以性慾高的一方想要以統計數字說明彼此的次數有問題（但另一半並不會因為看到統計數字後就說「天阿！這樣嗎？那我們趕緊來做？」）。

　　第二、不能自慰解決嗎？性慾低的一方常會憤憤不平：「我很累，不能自己解決嗎？自慰又不是壞事，就自己手射……」真的有很多女性會這樣說，但這樣的誤解都是因為她們認為「男性想要做愛的理由是想藉由射精獲得快感」。但我問了前來諮詢或聽講座的男性：「您為什麼來？」從來都沒有聽過男性的回答是「因為我想要更爽快地射精」，大部分的男性都是說「我想要帶給她更多的幸福」。換句話說，男性想要藉由性關係確認彼此的愛。就連情感表現遲鈍的男性在床上也會說出「我愛妳」或「妳真美」這些話，所以當女性對男性說「你自己解決」其實是很殘酷的。

　　第三、男性無時無刻都很火熱、想做愛是誤解。我們常看到泌尿科的廣告文宣口號一致都是「強悍男子」，但世界上也存在討厭做愛的男性。性慾低的女性很常見，所以常會聽到她們說「丈夫一直煩，很累。」卻很少聽到「妻子一直煩，很累。」不過，實際上仍有不少對夫妻是因為丈夫不想做愛而產生煩惱。

　　做愛跟打羽毛球不一樣。我喜歡打羽毛球，但如果我的另

一半不喜歡？那我自己加入同好會就好了。但在已婚狀態下，與非配偶的人發生性關係是不被允許的。而且也很難單就這個原因輕易決定離婚。

你也因為性慾差異問題和伴侶產生矛盾嗎？我想對性慾低的一方說：性慾確實不是什麼特別偉大的感受。而且，性慾不只有身體熱血沸騰、產生勃起的狀態才算是，因另一半手的觸摸而感到「心情好」這也算是一種性慾。甚至，對方穿新衣出場的那一刻，發出「喔！真帥」的聲音也是性慾。拋開偉大與令人感到負擔的性慾想法，把它想得更輕鬆一點。

最近美國市面販售一種提高性慾的女性用威而鋼（Viagra），關於「性慾」的敏感問題引發一陣爭論。無慾的女性打針或吃藥，馬上就會有想要做愛的心情嗎？不，把問題拉到更前面，有辦法說服她去接受藥物治療嗎？根據美國調查結果顯示：600 名更年期女性雖然性慾減少，但其中 95% 的女性不認為需要接受治療。英屬哥倫比亞大學的精神科教授羅斯瑪麗・巴森（Rosemary Basson）說：「女性的關係滿意度、情感親密與過去性經驗等錯綜複雜，影響性反應。」女性對性要展現中性的態度，故只能在另一半發出性的信號才能體現自己的欲求和衝動。女性的性是反應式，非主動式。於是。五顆星答案出爐：「性慾低的女性要提升安定感，需要更多的感性愛撫喚醒她的欲求與衝動。」

　　回到熙媛的案例，心情舒緩一些後，我問她：「有先試過身體接觸嗎？」她說一次都沒有。因此，我給熙媛一項作業，要她立刻嘗試。兩人一起進諮商室，並肩坐著，熙媛稍微摸了丈夫的指尖，彷彿剛見面的男女，氣氛尷尬，熙媛害羞了。可是，丈夫落淚哭了。每次想跟妻子身體接觸都會被誤認「只想亂來」，現在妻子竟然主動伸出手。看見夫妻這般反應，我想，他們改善彼此的關係有希望。雖然過去那段期間有很多糾結，但彼此關照對方，兩人關係一定可以一步一步越來越好。

　　熙媛看著泛淚的丈夫說：「沒想到看似與藍色小精靈聰聰一樣強悍的丈夫，竟然這麼痛苦。丈夫聽別人家的故事後，想要對我好，可是我卻在丈夫面前太害羞，所以才會這樣吧！」

　　熙媛更卸下過去對丈夫的防備心態，勇敢表現出這段關係的困難點：「洗碗的時候，親愛的不要強硬摸我的胸，那樣我會全身緊張，覺得害羞，又怕被孩子們看到。」而丈夫也表示他以為這樣的行為，對方會產生興奮，以他的立場而言，過去一直以來是渴望性愛時光的，但對方卻不關心他的痛苦，覺得很累。其實，愛情欲求高的一方在夫妻生活中，相當重視對方感受是「家人」還是「戀人」，如果聽到對方說「家人之間不應該是這樣」拒絕做愛，會感到非常失望。

看見對方的需求，溝通吧！

　　愛情長跑 10 年後結婚的善瑀和材俊也是一對無性夫妻。兩個人在戀愛初期是人人稱羨的熱戀，一對到眼，便火花四濺。但某天，丈夫材俊的行為開始有所改變，他從「戰勝夜晚（主導的）男性」漸漸成了「戰敗夜晚（被動的）男性」。妻子善瑀心想：他是不是太晚下班累了？還是工作不順壓力太大？可是，她不好意思開口說想要做愛，於是兩人變成現在這個狀態。有一次，善瑀主動傳了訊息。

　　善瑀：老公。我們過著好像兄妹般的生活。

　　材俊：抱歉，我會努力的。

　　但關係依舊沒有改變。善瑀也因工作關係非常忙碌，6 年就這樣得過且過了。這段期間，善瑀曾傳了四次關於做愛的訊息，但日常生活毫無變化。其實在結婚前善瑀就一直煩惱「該怎麼做才好？」但這不是可以隨意詢問某人的問題，只好一個人獨自想著：「去新婚旅行後會有改變吧？應該會變好吧？」最重要的是，她也不想單單因為性愛問題跟材俊分手。於是，兩人最終結婚了。前來尋求諮商的善瑀回想那時，這樣說著：「當時我是不是應該要再慎重一點？沒想到性愛問題會是我人生中最大的煩惱。」

　　還有對結婚 4 年的 30 歲夫妻來到了諮商室。丈夫説對妻子感到不滿，因為戀愛時不曾這樣過，但一結婚後，跟妻子説想要做愛，她總是拒絕説太累了。「平時都沒事，為什麼只要提到做愛就會累？説不通。」

　　我稍微聽了兩人的日常生活：

　　有一次丈夫在床上想要身體接觸，妻子果然又以「你也知道我最近很累」拒絕，丈夫心情受影響，出了房門到客廳。30 分鐘後，妻子出來跟他説話。

　　妻子：這週末是我爸生日，要怎麼過？

　　丈夫：妳看著辦。

　　妻子：你也關心一下，不是你家就隨意會不會太過分了？

　　丈夫：妳都不考慮我的心情嗎？看著我只想著妳的家人。

　　妻子：我太累了，所以下次再做（愛）。

　　丈夫：既然如此，又怎麼會想到娘家？

　　妻子：説點人話，這是能比較的嗎？

　　丈夫：妳眼中根本沒有我。每次都是我跟妳乞求！現在的我，對妳來説沒有魅力了吧？

　　從對話中，感受到丈夫因什麼而痛苦了嗎？丈夫認為妻子的生活優先順序是娘家，並覺得自己不被妻子認可。兩人之前曾協議做愛週期，每週有一次愛愛日。但妻子卻説要跳過一次，他討厭妻子不懂自己的需求。另一邊，妻子則對丈夫疏忽

家人一事感到不滿，站在性慾低那方的立場委屈表示：「有那麼重要嗎？」他們因為不理解彼此需求，而互相責怪。

眾多夫妻因性愛問題產生衝突，很容易接著說出「我們這年紀的夫妻平均都做幾次」或「拒絕做愛也可以成為離婚的理由，你知道嗎？」等脅迫言語。然而，實際上做滿平均次數的夫妻也會因性愛產生問題，而且，以性愛為事由提出離婚但對方仍哼不吭聲，更令人受傷。

那該如何解決這個衝突？性愛消失，不僅無法解決我們的身體需求，又會感到挫折，不能獲得被愛的感覺。有些人形容：「彷彿全世界只剩下自己，空虛孤獨。」這時候不可能會覺得旁邊酣酣大睡的另一半很美好。此時，建議不能陷入自我情感，應把目標放在解決問題身上。教育家約翰‧杜威（John Dewey）表示，要先找出問題的根源（也就是零階段），再經由對話過程，將根本原因整理成一段文字後，接著透過以下六個階段，即可解決衝突。

第一階段：説出彼此想要的。

第二階段：提出可行的解決方案。

第三階段：評估解決方案。

第四階段：決定互相可以接受的解決方案。

第五階段：實行解決方案。

第六階段：評論實行結果。

要注意，指責或判斷彼此的問題不會有所幫助，所以要找出因為性慾或對性的想法差異造成什麼樣的困難，如：「我不喜歡你說做就做」，問題根源不在「不喜歡做」，必須更深入一點探討為什麼不喜歡，像是「因為照顧孩子一整天已經很累了，你都不幫忙，每到夜晚只會想著要做愛，感覺你不知道我辛苦的點是什麼。」由此可知，零階段的問題根源是「妻子整天照顧孩子很累」。若不能掌握正確原因，彼此話不投機，最終只是在消磨情感。

婚後純潔？

聽過「婚後純潔」嗎？這是在嘲諷結婚後沒有性生活的夫妻。前面提到的善瑪就是厭於婚後純潔，只剩精神層面愛情的關係，所以來尋求協助。雖說是新婚，但戀愛時間長，所以早已 7、8 年沒有性行為了。現在還有辦法改善嗎？這婚，真的不該結嗎？一開始，她沒有勇氣對丈夫說，決定獨自一人接受諮商，從馬山來到首爾。但夫妻諮商最重要的一環是夫妻共同接受諮商，尤其這狀況更應該要一起。後來善瑪鼓起很大的勇氣，表示下週會和丈夫一起來拜訪。

兩人一起來的那一天，我問善瑪和她的丈夫：「來首爾的路上，兩位氣氛如何？」「很尷尬。」「就坐在正旁邊，但不

知道這個人在想什麼？也不知道我的心情是如何？」因為上一次先聽完善瑪描述，所以這週我先換聽丈夫的說法，於是請善瑪先到外面等待，與丈夫聊完後，再讓她和丈夫一起進諮商室。我對丈夫勸說：「您要不要親口對您妻子說？」他猶豫了一會兒：「我其實不把妳當做女人看待，即使看妳脫光的樣子也興奮不起來，對不起……」善瑪的表情看似天要塌下來了。丈夫說看到胸小又瘦弱的身材，完全不引起他的興奮，其實他喜歡的是性感美女般的身材，想要跟色情片演員般的女性做愛。善瑪眼淚停不下來，生氣的說：「你怎麼能這樣對我？」

　　跟一個對自己不感興趣的人，該如何共度結婚生活？現在是百歲世代，往後數十年難道只能孤單一人撐著嗎？首先，善瑪要先找出為什麼選擇與不把自己當作女人的男性結婚理由，通常會在小時候的家庭環境中找到線索。善瑪的父母吵架吵很兇，善瑪總是擔心暴力傾向的爸爸打了媽媽，媽媽會突然消失不見，每天抱著不安的心情入睡。後來，遇見現在的丈夫。第一次兩人並肩躺在床上，是她出生以來睡得最安穩的時候。丈夫給予的安全感深深吸引善瑪，這是必然的。新婚旅行時，雖然兩人沒有度過火熱的夜晚，但那一個月的歐洲旅行非常有趣。但在想起丈夫的優點後，善瑪這麼說：「好歸好，但跟朋友或同好會的人一起去不也一樣。」

　　善瑪夫妻的情形，需要檢視的一點是丈夫說「看到妳一點

也不興奮」。吃飯時，每個人的食性與愛好不同，當然做愛也會有不同的愛好。但很少會有人對自己身旁脫光躺著的另一半沒有慾望，又沒有利用其他方式宣洩性慾。我猜想材俊應該是色情片中毒，長期接觸強烈輸出的影像，大腦很有可能造成性機能障礙。也就是說，習慣在色情片中看到現實生活不能發生的畫面，導致無法滿足現實的性愛。

　　幸好，丈夫依然愛善瑀，不想要失去她。他也非常煩惱自己對妻子還能否產生性興奮嗎？因此，我讓材俊知道性的意義，以及如何做會產生性慾，根據狀況制定解決方法。首先，我請他寫下性生活對自己的意義。

◆ 我想要親近愛人，締結彼此的連結。

◆ 我想要彼此身體接觸，感受性方面的興奮、飄然感與快樂。

◆ 我想要舒緩緊張，透過性關係解壓。

◆ 我想要從另一半身上獲得特別與受照顧的感覺。

◆ 我想要表達愛意，讓另一半感受到特別與備受照顧。

◆ 我想要自我滿足，知道我是有性能力的。

　　以上項目可以全選或複選，善瑀說自己的心情是第一種；丈夫材俊則是像第二和第三種。知道各自想要做愛的動機不同後，材俊終於能理解為什麼善瑀會委屈問：「不想和我做愛，是不是不愛我？」

接下來，我勸導材俊「No Fap」。「Fap」是指稱男性自慰行為的網路用語，「No Fap」的意思是「脫離色情片的毒藥」或「停止看色情片自慰」。搜尋「No Fap」，可以找到幫助人們脫離色情片與自慰的網路社群，我建議材俊的具體行為方針如下：

◆ 早上起床和妻子來一個早晨擁抱。

◆ 加入 No Fap 社群。

◆ 制定每週一次 SFT 時間與實踐。

◆ 從之前都看色情片自慰，改為不看影片自慰。

SFT（sensual focus traniing）係指以知覺接觸的方法，撫摸全身找尋性敏感帶的過程。規劃具體行動方針的兩週後，妻子來電說丈夫兩次拖延 SFT 的時間，因妻子強烈要求而勉強答應。不過，極度渴望的知覺接觸，要在心情好的狀況下發生，但丈夫似乎因強硬的要求，態度又變了。

再過 2 年後，我收到善瑪傳來的訊息：「您過得好嗎？還記得我嗎？在那之後，我跟丈夫又回到無性生活了，這樣是對的嗎？」善瑪說她重新想起諮商，表示兩人的性愛關係短缺，已經喪失男女間親密感太久了。

文學家萊納・瑪利亞・里爾克（Rainer Maria Rilke）說過：愛情是孤獨的兩人彼此保護、撫愛及相迎。善瑪夫妻能夠脫離

孤獨的關係嗎？我們不知道，只能確定世界上所發生的每件事不會全都如自己所意。誰也不知道最後這兩人會迎來什麼樣的結局，但只是希望那天來臨時，他們可以說「我對我們的愛盡全力了」，以及「所以，我不後悔」。

不要只談貸款，也要談談房事

──學習談性的技巧

　　你曾在電視劇中看過這一個場面嗎？男女主角前往某一地方赴10年前的約定。可是，兩人稍微錯身，沒能見到面。於是，各自想：「那個人忘記我了吧！只有我一個人還記得。」看見真實狀況的觀眾，非常鬱悶。但偶然錯身而產生的誤會導致衝突，在現實生活中很常發生。

　　賢淑有一天偶然看到丈夫的皮夾，皮夾裡放了一包藥。看了一眼藥品名，寫著「藍色小藥丸」，網路搜尋後發現是類似威而鋼的藥。賢淑夫妻已經有2年沒有性關係，但丈夫卻放這種藥在皮夾裡！她於是拿給丈夫看，跟他大吵了一架。丈夫說是朋友給的，並說：「如果我真的要用在別的地方，怎麼可能光明正大放在皮夾裡？」但賢淑已經產生背叛的感覺。

　　賢淑感覺到結婚生活倒塌，所以來到諮商室。藍色小藥丸只是導火線，她開始緩緩道出歲月累積的煩惱與各種問題。夫妻倆是辦公室戀情，最後成功走向結婚。丈夫原是同部門的同

事，某天向她求婚，賢淑覺得丈夫為人誠實，便答應了他。結婚後，賢淑和丈夫討論後決定遞出辭呈，專心做家事和懷孕準備。

是因為成家後的安定感嗎？丈夫的事業比以前做得更好了，透過親近的前同事聽到丈夫的消息，丈夫在公司的業績上升，成為升遷對象……聽到這話，賢淑反而心情變得有點憂鬱。感覺丈夫往前走，把自己留在後頭。因焦躁不安的心情，不久前她還夢到丈夫去聲色場所，甚至因「男人重視做愛」的想法，到網路上搜尋婦產科陰道緊實、陰道雷射等資訊，又突然覺得「我要做到這程度嗎？」覺得自愧。自己的地位彷彿越來越小，故看到丈夫皮夾裡的藍色小藥丸時，賢淑的情緒瞬間爆發。

談性，得重新學習傾聽與說話

不只賢淑，很多人都有類似的問題。與另一半的性生活次數變少的話，自己胡思亂想「他是不是有別人了？」或「我沒有魅力了嗎？」而感到受傷。但我們不是神，不溝通怎麼知道對方的想法。夫妻關係再近，也不可能讀懂眼神。曾為1997 年到 1999 年諾貝爾候選人的美國心理學家托馬斯・戈登（Thomas Gordon）博士提出有效溝通解決的方法，包括：積極聆聽（active listening）、我訊息（I-message）、第三

方法（No-Lose conflict resolution）。戈登博士強調無論是什麼關係，若有人使用強制力量，關係一定會遭受損傷。要到以溝通技巧維持關係與解決衝突，讓關係變好的方法。

　　以下分成賢淑與她丈夫的立場具體說明狀況。首先，賢淑現在處於心理痛苦狀態。這時，需要使用「請幫幫我」的說話技巧，也就是「我訊息」方法。以「我」第一人稱說話，將自我情感傳遞給對方知道。我訊息包括：

　◆ 說出對方有問題的行為。
　◆ 說出對我具體產生的影響。
　◆ 說出我的情感。

　　對應到賢淑的狀況，如下：

　◆ 說出對方有問題的行為：在你的皮夾裡看到藍色小藥丸。
　◆ 說出對我具體產生的影響：我懷疑你是否有了別的女人。
　◆ 說出我的情感：生氣。

　　但賢淑發現藍色小藥丸後，向丈夫展現的反應則是：

　◆ 攻擊：直接說「這什麼？你都去哪些地方了？身為一家之主，你可以這樣嗎？」
　◆ 迴避：進房蓋上被子哭，或不跟丈夫說，一個人憂鬱。

　　其實，如果在這狀況中使用「我訊息」方法，應該可以對丈夫這麼說：「我在你的皮夾裡看到藍色小藥丸，懷疑你是否在外有了其他的女人，所以我很生氣。」

　　不管是生氣或忍著，應對方法都是從原生家庭（父母）習得。現在，你與另一半有什麼衝突？兩人的對話方法是？平時都以什麼言語跟對方說話呢？檢視彼此說話的習慣，觀察彼此是否溝通良好，還是溝通不良。

　　換丈夫的立場，該怎麼做才好？聽到賢淑質問「藍色小藥丸？這什麼？」的時候，丈夫應要如何回答？「喔……妳都說完了，這次換我說了？」錯！對話不等於依序說話，而是傾聽與說話。何謂傾聽？賢淑痛苦的時候，針對賢淑痛苦的情感做出反應。若她說：「這什麼？打算跟其他女人用的？我生氣了！」丈夫可以回答：「原來看到藍色小藥丸，讓妳很不安。」言語間藏著心情，丈夫要讀懂妻子的憤怒，並安慰她的憤怒。當人的自我情感受到他人支持，就可以表達出內心的委屈。

　　假設有一對正在計劃懷孕的夫妻，正在等待配合排卵日做愛，丈夫卻無法勃起。丈夫說「下次再做吧……」，他藏匿、真正想說的話是什麼？大概是「我今天不能勃起，不知道該怎麼辦」。若在這情形之下，妻子責怪：「什麼？不是說好今天要做」，丈夫可能會生氣：「我是精液製造機器嗎？」這時候，

如果用下列對話，也許會更好：

丈夫：下次再做吧！（自信心低落狀態。）

妻子：親愛的，壓力很大吧！（讀懂「下次再做吧」的真實想法，如果直接講勃起問題，男性會有負擔。）

丈夫：嗯。因為感到很有負擔，所以不能勃起。（出現誠實的反應。）

妻子：必須在排卵日做愛，讓你很有負擔吧？（讀懂對方情感。）

丈夫：嗯，老實說，我覺得我們之間沒有愛，自己就好像是一台精子生產機器。（因對方的共鳴，說出更深層的想法。）

妻子：一人獨自覺得沒有愛的性關係，一定很痛苦吧！（讀懂對方情感。）

丈夫：不，我知道妳也很努力……但我的心情就是有那麼一點這樣的感覺。（因陷入自我情感而看見對方的心意。）

妻子：這段期間，我給你太多懷孕的負擔壓力了。（理解對方的情感。）

丈夫：不，懷孕是我們兩個人的事，而且我也知道妳看到生理期來的心情有多麼挫折。今天這傢伙為什麼來搗亂？（笑）（彼此不爭吵並互相支持，問題自然消失。最後還可以開個玩笑。）

幸好，前來諮商的賢淑夫妻重新學習傾聽與說話技巧，以及培養輕鬆接受問題狀況的生活態度。諮商結束後，賢淑表示：「藍色小藥丸，真謝謝你！」因為它她才懂得該如何溝通解決問題，彷彿從地獄走到天堂。其實，生活不是該要解開的問題，而是一場該要活下去的神秘生意。

性冷淡不是原因，是結果

人類渴求愛情，並希望可以跟相愛的人幸福生活，期待結婚後擁有一個粉紅泡泡的人生。如果有人認為結婚是地獄，他還會走那條路嗎？不過，大部分來諮商的人都在探討結婚生活的不幸，如：「如果沒有結婚的話……」、「如果可以擁有更好一點的性生活……」、「只要能不聽到另一半嘮叨……」、「如果對方可以理解我……」各種理由都有，但有一個共同點是現在的狀態不幸福。

來看另一個案例。振盛無意間開了妻子的包裹，結果引發夫妻爭吵，因為箱子內有性感女性內褲，他說：「穿這個有什麼不一樣嗎？先減肥吧！」妻子原先是想藉由結婚紀念日的契機準備驚喜，試圖喚起枯萎性生活的朝氣，結果丈夫潑冷水的反應毀了一切，兩人度過一個最差的結婚紀念日。

但僅是因為妻子買性感內褲，毀了結婚紀念日嗎？觀察這

對夫妻的日常生活，便能發現兩人完全沒有情感共鳴。振盛早上一人起床，帶著陰沉的樣子出門上班，昨天也加班到 11 點下班，而妻子已經呼呼大睡，為了照顧 3 歲和 5 歲的兄妹，累倒了。這個家根本沒人知道丈夫上下班了沒。因為半夜醒來的孩子而疲憊的妻子，雖然知道丈夫工作累，但連跟丈夫說話的時間都沒有。

當然，他們曾經也有過一段甜蜜的新婚期，不過自從孩子出生後，兩人性生活變少，已經 2 年性冷淡。妻子擔心自己生完孩子後胖 10 公斤的身材會被丈夫嫌棄，所以特意準備性感內褲作為解決辦法。我問妻子：「聽到丈夫說的話，應該很難過吧！聽完那番話後，妳的反應是？」她回答：「什麼話都沒說，一把拿起睡衣進房哭了。」

許多人從性愛中找尋自己不幸的結婚生活原因，但**性冷淡不是原因，而是結果**。不是因為性冷淡導致不幸，而是因為不幸導致性冷淡。這時，需要探討的點是依附類型。精神分析學家約翰·鮑比（John Bowlby）研究幼兒與父母（或主養育者）的關係，發表有名的依附理論。幼兒期的依附類型影響此人成長後一生的人際關係。成人的依附類型分為安定型、不安與淪陷型、迴避型，以及拒絕型（網路上搜尋依附類型測驗，可以輕鬆找到測試）。

◆ 安定型

積極認識自己，對他人擁有正面的態度。不會擔心對方是否會拋棄自己，並享受與對方之間的親密感。非常理解對方的情感，即使發生衝突，也可以委婉解決。

◆ 不安與淪陷型

對自己認知負面，但對他人卻是正面態度。這類型者特別想與他人產生親密的關係。為填滿自己的低自信與自尊，不斷持續確認他人對自己的愛意與關心。總是害怕失去對方的關心與愛意，過度解讀對方的行為，花費很多力氣在維持關係。特徵是很容易陷入負面思考。

◆ 迴避型

積極認識自己，但對他人卻是負面態度。認為關係越親近，自我領域會消失。跟對方太靠近的話會感到不舒服，所以刻意保持距離。

◆ 拒絕型

不管對自己或他人都是負面態度。認為自己沒有被愛的價值，同時也迴避與他人締結關係。害怕自己的不足會被人拋棄，所以事前阻斷關係的產生。

　　看完這四種類型，你是哪一類型呢？上述振盛的妻子屬於不安型，因丈夫結婚後的愛意表現減少而感到不安。可是就算不能忍受對方向自己發脾氣，也不敢向丈夫表露不滿，只能自我安慰。然而，忍著不說的情感不會消失。

　　因此，依附類型對人際關係與夫妻關係具有相當大的影響。想要從小培養出安定型孩子，需要確保「安全基地」。所謂的安全基地是指擁有一個可以隨時跟他說「沒事」的存在。依附的核心要點是「是否擁有一個可以在自己疲憊痛苦的時候，溫暖擁抱自己的人？腦海中是否有浮現出這樣的人？」對年幼孩子而言，這樣的存在通常是媽媽扮演。而長大成人結婚，配偶則可以成為彼此的安全基地。

相愛吧！彷彿不曾受過傷

　　另外，想要有效溝通，不僅要注意使用的言語表達，也要考量非言語表達。有聽過麥拉賓法則嗎？心理學家艾伯特・麥拉賓（Albert Mehrabian）揭示表情、肢體動作與聲音等非言語要素在溝通中的作用極大（肢體動作 55％、聲音 38％，相較之下，說話的內容僅佔 7％作用）。重點不在於「非言語表達更重要」，麥拉賓法則的本質是「我使用的言語和非言語表達要一致」。尤其，性愛是表現愛的肢體語言之一。能從一開

始就言行一致嗎？好比歲月時光的流逝，我們的説話習慣已經成形許久，想要裝載新的語言，或許會比以前更經常吵架，發生衝突。但為了你我連心，這是一座必須跨越的橋樑。越是該講出來的時候，越要提起勇氣戰勝恐懼。如某一位詩人説：彷彿不曾受過傷害，去愛吧！

　　溝通時，要有階段性地引導對話，簡單來説，要抓好氣氛。妻子正因照顧孩子與家事疲倦，如果突然説「今天來一場火熱的夜晚，如何？」會被斥責：「有力氣講這些沒用的，還不去洗衣服！」諮商過程中，當我提出「與另一半來一場誠實對話」的作業，在一起越久的夫妻，越容易面有難色，因為他們知道説這些話對方會有什麼反應。因此，為了精通書本理論卻無法投入實戰經驗的戀人或夫妻，以下提供「抓住説話時機點的方法」，心理學家羅納德‧阿德勒（Ronald Adler）將溝通分為四階段：

　　第一階段：日常生活對話
　　第二階段：事實對話
　　第三階段：討論意見對話
　　第四階段：分享情感對話

　　第一階段的日常生活對話包括：「過得好嗎？」、「天氣真好。」等常與第一次見面的人説的最表面話題。

第二階段的事實對話是比日常生活再深入一階，互相共享事實，如：自己的職業、年紀、居住地和喜歡的人事物，這會成為兩人接下來要對話的基礎，想一下初見男女在自我介紹的模樣，便很好理解。

第三階段是討論意見對話。在這一階段述說自己的想法，打開自己的心房，如：對職業的想法、對年紀的想法，以及對喜歡的人事物想法，彼此產生好感。

最後的第四階段，分享情感對話是最深處的對話，與第三階段看似相同，其實有很大的差異，例如：「我在高爾夫球場上碰到的金老闆好像是一個騙子。」是意見；「我在高爾夫球場上碰到的金老闆好像是一個騙子，借錢給他好幾次都沒還，有種背叛感。」是情感。

偶爾會有話不投機，感到發悶的時候。斷絕溝通的理由就是因為彼此對話階段不一樣。比如：我正在「情感」對話，對方只陷於「事實」。由於對方尚未進入情感階段，故不能從他身上獲得共鳴，覺得孤單；反之，對方因為還沒進入情感階段，對於另一方突然敞開心扉的言語感到驚慌。因此，重點不在於深入對話，而是兩人要處在同一階段的對話。

性關係屬於人際關係的一部分，人際關係有困難，性關係也一定會有問題。如果不把性愛當作是人和人之間的問題，很容易糾結在奇怪的地方，如：做陰莖或陰道手術、學習技巧

成為「黃金手」等。你和另一半的性生活有問題嗎？做愛不滿意嗎？那最先應該做的事是與另一半進行對話。由於東方文化不擅討論性方面的話題，所以另一半可能會不知所措或逃避回答，甚至可能產生攻擊性的反應。若能預想到對方可能會有這樣的反應，即有機會把話說完。當然，我們生活中的任何狀況都不是能預期做好準備的，所以要學習各種自我表達，培養應對能力。有時候可能會想要避開這類話題，覺得害羞與不安，但所謂的完美生活是沒有任何一點不安嗎？雖然我們有開心、有傷心、會害怕、會生氣，但全權接受的過程即為生活、愛情，以及性愛，不是嗎？

重點不是勃不勃起

── 克服創傷

我們從小學習的文化是要很會「解題」，比起愛自己，更要成為最棒的自己，無論什麼都要爭第一名。性愛也是，在意與比較自己與他人的陰莖大小、持久度。

看過色情片就知道，女性看到「粗根」的激動反應讓人印象深刻。可是，色情片演員們大部分都有進行人為的擴大手術，你知道嗎？男性過於習慣影片裡呈現的景象，很容易產生焦躁不安，害怕自己的陰莖大小不能滿足自己的女人。

與預想中還要多人，尤其是男性，將性愛視為目標導向，必須滿足女性，讓她產生性高潮，性愛的功能是射精、性高潮、性愉悅和確認自我魅力。但若以目標導向做愛的話，只會不斷產生外部的焦躁不安。

更嚴重的話，有可能產生與性愛相關的不愉快經驗，特別是在第一次性經驗中，發生不好的狀況，很容易對性產生創傷，成為日後勃起不振或性冷淡的罪魁禍首。甚至有些人會刻意遠

離性生活，或不敢與女性交流。

脫光逃跑的男人

　　某天，一位 20 幾歲的男性前來諮商。他雖然年紀輕，但想跟女朋友做愛的時候卻無法好好勃起，即使勃起也持續不久，令他非常擔心。他的問題不是出於健康，個子小的他為克服創傷，從小就徹底飲食管理和運動，外表看起來非常壯碩。

　　他剛滿 20 歲時，第一次性經驗是跟一位年紀比他大的女性發生一夜情。當時會這麼做是因為朋友們開玩笑說入伍前一定要做過。某天，在居酒屋遇到一位女性，與她聊天聊到汽車旅館。女性先脫衣上床，並說「幹嘛？快上來。」面對陌生的狀況，他不知所措地僵直在原地。於是，女性靠近幫他脫掉褲子和內褲。他羞恥到腦筋一片空白，說了一句「對不起，我要先走了。」轉頭就跑，那個女性大罵髒話：「××那麼小……你玩我啊？」

　　從那之後，他的腦海全是「我很小」、「我是不懂女性又膽小的男性」，產生另類的創傷，每天在網路上搜尋「陰莖變大方法」和「交女友方法」等。2 年後，他愛上了一個女生。兩人為紀念交往一百天，訂了派對房間，計畫一起度過初夜。然而，在沖澡時，他突然害怕「萬一看到我的大小而感到失望，

怎麼辦？」因此，以家裡突然發生事情為由，逃離現場。

　　被留下來的女性覺得非常荒謬，不用說也知道，他們最後以分手作為結尾。問題在於接下來這段戀愛，這次他下定決心，好不容易進到愛撫階段，卻不能勃起。他的女朋友雖然能理解，但仍逃不了第一次失敗的性經驗。

　　對性愛產生煩惱或有困難的時候，許多人都認為是陰莖或陰道的問題，如：我的陰莖太小、我的陰道不夠緊實等。因此，不斷湧現各種不安心情，無法逃離。彷彿白雪公主的後母：「魔鏡，魔鏡，世界上最漂亮的人是？」一生都活在不安之中。

　　男性在第一次性經驗有不好的印象會造成他對自己的身體構造產生不好的想法，影響日後的性行為時產生不安。人活著要面對很多問題，這時，我們很常未找出確切原因，睜一隻眼閉一隻眼地解決問題。就跟孩子生病，如果不找出根本原因，只是餵他吃退燒藥，雖然症狀舒緩，但會不斷重新復發一樣。

　　性愛產生創傷時，可能會執著於對方的反應、過度確認另一半的滿意度，或者故意虛張聲勢，甚至出現逃避行為，因為不知道要如何解決自己的問題，當陷入困境時，藉以逃避保護自己脆弱的一面。

　　有聽過心理學上的防禦機制嗎？它是藉由扭曲慾望來保護自我的機制，例如：因他人說「××也很小」的言語導致產生

「我的性行為技術差」的不安，最後自我想像悲劇「如果不能
滿足女朋友以致分手，怎麼辦？」、「如果她拿前男友跟我相
比，嘲笑我的話，怎麼辦？」這些想像會讓自己受傷。人都會
想要避免痛苦與傷害，所以藉由防禦機制保護自我情感，故意
虛張聲勢或逃避關係。

客觀看待問題，用愛解決

　　聽起來很老套，但解決方法就是相信愛，必須完完整整公
開自己，並問：「你有辦法愛這樣的我嗎？」當然，鼓起勇氣
不容易，這時候，整理內心思緒將會有所幫助，試著回答下面
三個問題吧！

　　第一、這個問題跟誰有關？現在跟女朋友做愛有困難，以
前有類似的經驗嗎？「是的。跟前任女朋友也有這個問題。」
自慰的時候呢？「還好，自慰沒有問題。自慰時沒問題，但跟
女朋友發生性關係時則無法勃起。」

　　第二、發生在何種狀況之下？「和女朋友在一起的時候不
能勃起。」在這個階段要往更具體的方向了解，我問這位男子：
「和女朋友身體接觸的時候都會這樣嗎？」回答是：「在車裡
或街道上親吻牽手的時候，曾有因為興奮而勃起。」換句話說，
並非一直無法勃起。

　　那麼，何時會開始無法勃起？他說跟女朋友進汽車旅館之前都還可以，但進到房間沖澡時，聽到水聲的瞬間開始緊張，勃起消失。依每個人的狀況不同，勃起不振問題可能發生在特定場所、時間，以及狀況等條件。這時候對自己的反應是？生氣？冒汗？暈眩？回答完這問題，便可以區別「沒有問題的狀況」與「有問題的狀況」。

　　第三、不滿自己的某種行為嗎？請像是拿起相機拍下某個場景後，看著照片做說明一樣，只需要描述「可肉眼觀察的行為」即可。「我像個傻子一樣不能勃起，然後默默待在淋浴間。」他的回答其中，「像個傻子」是參雜自我情感的敘述，籠罩在情感之中，將難以直視自己的行為。

　　我向這位男性提議寫下與女朋友做愛的紀錄日記，藉以自我了解本人的特定行為。他紀錄觀察狀況半個月，發現從女朋友說要先洗澡的時候開始出現緊張，並且這時坐在床上不動的自己滿腦子都想著要逃避，「要說公司突然有事嗎？」、「她看到我這個模樣感到失望，怎麼辦？」而從情感痛苦狀況中，了解自己如何反應是很重要的一件事。

- 我感到痛苦的狀況是女朋友在汽車旅館沖澡的時候。
- 這種狀況通常發生在週末和女朋友約會的時候。
- 這時候，我會出現咬手指的行為。
- 我無法展現自己的身體給對方看。

◆ 因為我覺得展現出來之後，她會離開我。

◆ 我是逃避型。

以上將問題具體化就是客觀看待問題的過程。這位男性透過自我對話，準備鼓起勇氣靠近心愛的女朋友。他不學習性愛技巧或手術改變身體構造，而是選擇敞開心胸。如果想要發生性關係卻不能勃起時，他決定不逃避，誠實說：「因為我擔心妳會因為我的陰莖太小感到失望，所以不能勃起。我很害怕妳看到我這模樣會離開我。妳的想法是？」

誠實以告後，他的女朋友握著他的手，吻了他：「我以為是親愛的覺得我沒有魅力，所以我也很難過不安。一直想是因為我的胸部小，還是沖澡的時候妝卸掉的關係，一個人偷偷哭了。雖然很想跟親愛的說，但這些話難以啟齒，謝謝你先開口。」於是，那天兩人度過一場火熱的夜晚。

開啟這種話題時，男性帶有什麼目標嗎？答案是想跟女朋友溝通自己的難處，希望彼此之間的關係更親近。但是，大多男性都是以「我要隨時能勃起，向女朋友展現強悍的樣子」為目標，偶爾還會總結出不像話的結論，如：某位中年男子因勃起不振問題到醫院的泌尿科掛號，但醫生勸他：「如果跟妻子不能勃起，那要嘗試跟其他女人見面或動手術嗎？」做愛的理由不就是想感受彼此的身體與相愛的力量嗎？那在其他女人面前展現厲害的性愛技巧有什麼幫助？設定行為目標時，絕不

能漏掉的一點是，想要透過這個行為達成目標是什麼。邁達斯（Midas）點石成金的故事中，他最後把自己的兒子也變成了黃金。當誤認自己的目標是「擁有一個很會勃起的陰莖」，反而會因為勃起問題而失去與珍貴另一半的關係。

穿著盔甲懷疑愛的人們

——性冷淡

　　我們小時候在學校和家庭都接受到負面的性教育。男性要性滿足對方的強迫觀念、割包皮手術的傷害，以及自慰的罪惡意識，以至於許多男性將性視為「男子能力」的證明，反而疏忽性愉悅的心情，間接導致產生早洩或遲洩、勃起不振等現象。女性則因擔心懷孕、社會大眾不允許誠實表露性欲求，導致在不想要做愛的狀況下配合男性的需求，無法充分達到性興奮。若再加上剖腹生產、子宮手術、懷孕與生育等因素，陰道和骨盆構造會漸漸更沒有感覺。

　　30 幾歲的仁靜有類似的問題。「丈夫某天很嚴肅地叫了我，說有話對我說。他說看到我會性冷淡。他說性愛對他來說很重要，但我只會像一棵樹靜靜不動，感覺自己好像做錯了什麼事……」仁靜表示聽完丈夫這番話，非常驚訝。因為她從未想過女性在做愛的時候需要做些什麼。她認為的性關係是為了解決男性的需求，她除了疼痛以外，什麼感覺都沒有。

沒感覺或性冷淡不僅是女性的問題，許多男性也會因為插入陰道沒有感覺而煩惱，甚至脫口說出「用點力」、「緊一點」，造成女方心理受傷。男性的性冷淡，換句話說，是男性厭倦在性交的過程中沒有感覺。

由於心理問題造成身體組織的知覺鈍化，稱作身體防彈衣（body armoring）。小時候想哭的時候、被罵的時候，這些過去委屈的傷痛會造成我們的身體僵硬與緊張。若不想再被傷害，身體自然會呈現防禦反應，故而對他人行為無感或產生負面思考。或許大家會問這樣鈍化的狀態可以讓自己的內心不受傷害，不是很好嗎？但有誰能不跌倒就學會走路，不哭過就知道笑？體驗所有的喜怒哀樂才是人生。

所以，我們需要按摩喚醒鈍化的身體，透過按摩放鬆骨盆底肌和生殖器部位，增加敏感度；按摩表面皮膚喚醒身體柔軟的感覺。性的感知提升之後，過去以滿足對方為主的焦點也會改為自己全身的感覺。

按摩時，別像是在解一道困難作業，請把它想成輕鬆的遊戲，嘴角上揚笑著開始吧！如果想體驗這份舒適感，需要與對方的親密感。雖然害羞閉眼也可以，但彼此對著眼更有交流的感覺。如果家裡有浴缸，也可以泡熱水澡放鬆身體再按摩。

用按摩脫下彼此盔甲

從現在開始喚醒僵硬的身體知覺吧！無論是按摩者或接受者都要打開心房，心平氣和訴説自己的內心想法。一階一階地開啟深藏的恐懼，脫下身體的盔甲。

陰道和陰莖係屬敏感部位，因此，衛生很重要。手指甲要修剪，用肥皂清洗乾淨。另一半若不安，也可以使用橡膠手套。以下幾個重點可以注意：

◆ 準備植物油（瑞士杏仁油或椰子油等）。

◆ 接受者一定要上洗手間，因為按摩過程中可能會想要小便。

◆ 房間的溫度要暖和。

◆ 不要著急，定在有 1-2 小時空閒的時候。

先講男性的情形：開始性器按摩，藉由骨盆動作和骨盆底肌運動放鬆骨盆周圍。這裡有一個重要的注意點是從頭到尾要專注呼吸。

利用指尖放鬆骨頭和肌肉間的部位。從恥骨開始，沿著骨頭按摩到會陰部。到會陰部的時候，邊增加力道，邊深呼吸。每一處大約停留 10 秒，整體放鬆。藉由吸氣的新生命力，在吐氣時放鬆僵硬的肌肉。再來，往陰莖下方的陰莖海綿體走。

　　雙手大拇指從龜頭開始一一按壓，再從龜頭部位開始畫圓往下撫摸。現在來到陰囊，稍微加一點力道，放鬆陰囊周圍的部位。太大力可能會疼痛，請輕輕地按摩。透過陰莖、陰囊和骨盆底肌的按摩，放鬆原先僵硬緊張的身體後，身體感覺會變得敏感。一開始做這個按摩的人會很慌張，不知道該怎麼做，但只要慢慢依照順序來，漸漸產生自信，也能感受到身體的變化。每週兩次，持續1個月後就能有很大的變化，拋開過去以為摸「那裡」不行或不能有感覺的想法，現在有自信「可以調整與產生更深的感覺」，精力也會跟著提升。

　　性關係之中，男性通常扮演主動領導的角色，所以這次換另一半來幫助自己的身體放鬆吧！當另一半的手觸碰到身體的時候，全神貫注感受吧！有什麼感覺呢？試著依照下面例句，與另一半分享對話吧！

- ◆ 感覺硬梆梆的嗎？
- ◆ 感覺變柔軟了嗎？
- ◆ 雖然結實，但柔軟嗎？
- ◆ 摸的時候會痛嗎？
- ◆ 沒有什麼感覺嗎？

　　接著換女性的情形：彼此擁抱感受心跳，告訴彼此的身體要開始了。按摩骨盆與大腿內側部位，再往陰唇方向移動。稍

微加一點力道放鬆。對方幫忙放鬆骨盆部位的時候，除了靜靜不動之外，女方也可以主動轉動臀部。

接下來，伸手指進去按摩陰道內部。不過，男性一定要詢問女方是否為手指可插入的時機。這時候利用骨盆底肌運動，分別吸氣（收緊）和吐氣（放鬆）。手指靠在陰道上感受收緊與放鬆的差別。手指插入後，手指振動放鬆陰道壁。如果這時候想起過去不好的記憶，反覆深呼吸五次後，好好表達當時的情感想法。男性可以在旁鼓勵女性出聲表達情感。

往下一階段的時候，詢問女性要多停留在這個狀態，或要往下一個狀態，還是就此打住？利用手指施力時，接受者與按摩者要一起配合呼吸。突然的按壓或刺激會產生疼痛，所以不要著急。誠心誠意專注於這個時刻，是喚醒僵硬身體的最佳核心要點。

位於陰道上方、尿道下方的尿道海綿體是很脆弱的海綿體組織。這個部位上有一顆小豆般的 G 點，以適當的力道按摩它吧！找尋 G 點位置有很大的意義，因為眾多女性不知道 G 點的位置。這時可以開啟對話：「哪個部位感覺好？説看看是什麼感覺？」在 G 點上下前後畫圓撫摸，手指各種移動，喚醒知覺。找到最有感覺的觸摸方法後，加強興奮的感覺。不過，別太貪心想要一次找到正確的位置。先找到位置，產生心情好的感覺後，再加強興奮感，最後就能觸及性高潮。

藉由按摩脫下彼此的身體防彈衣後，除了有助於提高身體的敏感度，還有一點是能夠了解彼此的身體，擁有一段相愛時光。因此，在臥室裡的彼此親密度也能增加。仁靜經由諮商學習按摩方法後，與丈夫兩人進行實戰。雖然丈夫手指碰觸的瞬間會感覺到害羞，有點尷尬，但兩人配合呼吸卸下緊張。丈夫一邊問：「如何？還可以嗎？」一邊輕輕撫摸，感覺非常興奮。很奇怪的是，伴隨著深層刺激，仁靜的眼淚掉了下來。丈夫因慌張而僵直不動，直到仁靜說：「笨蛋！還不抱抱我。」丈夫抱緊仁靜，兩人心連心。

看到女人就逃？先完完全全支持自己吧！

雖然性冷淡能用身體上的方式解決，但有時候也需要解開心理上的問題。一位 30 幾歲的男性尚民雖然年紀輕，但此生都有性冷淡問題。為了知道他的性冷淡是從何開始，我問了他各種問題，經過對話了解他過往的故事。他一眼看上去就是一位長得帥的「暖男」，但外貌對他而言，既是上天給的祝福，又是一個行李負擔。高中時，他曾在公車上遇到一位不認識的女人站在他後面，似乎在用她的胸部搓揉尚民的背部。常見的性騷擾行為加害者是男性；受害者是女性，但也很常是反過來的狀況。而且，並非每一位男性都很享受任何女性的身體接觸，

反而眾多男性會因羞恥心與嚴重的罪惡感導致無法忘懷。不分男女老少，每個人都有權利保護自己不受到性的羞辱。然而，即使尚民當時做出適時的對應，也沒有人安慰他，自從那時起，他開始厭惡女性。

　　他也安慰自己說並非所有女性都是那種人，可是尚民的惡夢又重新開始。學校畢業後，他成了一名計程車司機，又再度發生性騷擾事件，如：搭上計程車後摸他大腿的女性、要求他一起約會的女性、穿裙子腳打開的女性……尚民對女性的幻想全破滅，造成他患有性方面的恐懼症。恐懼症是焦躁障礙的一種，感覺極度的恐懼或不安，導致他想要脫離該物體或狀況，形成日常生活的阻礙。若恐懼症發作，則會產生恐慌症狀，包括焦躁冒汗與心跳加速，以致呼吸急促。

　　後來，身邊的人看到尚民總是單身一人，幫他安排相親。透過介紹認識女性沒有問題，但如果對方表示好感，想要再進一步親密靠近的話，他就會變得不安，逃離現場。某天，與相親對象一起看電影，女性頭靠在尚民的肩膀，那一刻尚民說：「抱歉，我上個洗手間」離開座位。一到洗手間，他的額頭都是汗，出現暈眩症狀。尚民在洗手間裡想：「我不可能一生都只能這樣生活，我也想要擁有一場電視劇般的浪漫愛情，跟女朋友牽手，甜蜜親吻。」但在現實生活中，他辦不到。

　　透露性意味的行為會引起他的羞恥心，造成身體感到

不安的反應。這時候，尚民該怎麼辦？如果在某一種狀況裡感到恐懼，仍有方法可以降低恐懼。假設一個看到蛇而陷入恐懼的人經由訓練熟悉蛇的圖像，接著遠方觀看小條又可愛的蛇，漸漸熟悉狀況消除恐懼，此行為療法稱為減敏感法（Desensitization）。我建議尚民也可以用這方式，標定 0-10 分的階段，一步一步消除焦躁不安的心情。0 分為心情非常平定的狀態；10 分為非常不安的狀態。

　　問：在電影院裡和女朋友吃爆米花，大概是幾分的不安？

　　答：普通。大約 4 分。

　　問：那如果與女朋友吃爆米花，碰到指尖的話？

　　答：大約 6 分，開始有點緊張。

　　問：如果跟女朋友牽手的話？

　　答：大約 6-7 分，如果是我先牽手，不算被摸，好像會比較放鬆。

　　對話進行後，我問：「下次見女朋友的時候，你主動先牽手，如何？」他回：「太好了，只想到逃避方法，沒有想過可以主動先接觸。已經定好週六約會，那時候來試試。」透過這個過程，尚民一步一步了解到控制自我情感的方法。當然，極度不安湧上時，可以先暫停下來，深呼吸冷靜，漸漸會越來越好，內心的高牆也一點一點矮化。沒有人可以批評：「牽手算

什麼，有什麼好不安的？」那是他保護自我生活的方法，除非他決定鼓起勇氣打破舒適圈。和女朋友可以安心牽手之後，尚民的下一步是牽手時可以達到平定狀態，最後從手中感受她的溫暖。

當然，焦躁不安不會一次就消失不見。例如某天走在路上，女朋友在他臉頰上親了一下，尚民感受到強烈的不安，大概深呼吸十次後才平息情感波動。

「原來，我現在是 8 分狀態啊！」他這樣想。人若可以不陷入情緒之中，便能自我了解現在的狀態。尚民依照自己的速度生活，雖然路途上會有跌倒或躊躇的時候，但他不貶低或嘲笑自己，完完全全支持自己。

「我今天終於成功跟女朋友接吻了。但不知道是因為沈醉入迷，還是恐慌造成的呼吸急促，女朋友的嘴唇碰觸到我的嘴唇時，突然出現暈眩症狀，差點跌坐在地上。不過想起情感分數，我給自己打了 3 分。」彷彿小時候的初戀，聽到尚民一路走來的故事，我祝福這對戀人的未來。

若不知如何開始，從讓自己愉悦下手

—— 自慰

　　美萊是一位準備結婚的女性。她說現在交往的男朋友很體貼，也讓她很有信任感，做愛時也是。她對以前交往的前任男朋友都會覺得「這男人是為了滿足性慾而交往」，但這任不一樣。做愛時，他會時常照顧美萊，也會說不想要就說。因此，美萊漸漸敞開心房。可是，她完全不知道該怎麼做：「這樣感覺好？不好？」、「要閉眼嗎？不閉眼嗎？」閨蜜之間聊天，她也是「純淨無暇」。不曾真正看過色情片的她，當朋友們討論色情方面的話題時，經常愣著，無法加入。美萊覺得自己年紀不小了，卻不懂這些，實在丟人。

　　我們在上學以前就學會閱讀和寫字；10 歲時就會背九九乘法表，但是我們從未學過了解自己的身體，試著回答以下問題：

　◆ 你知道自己的身體與心理的運作方式嗎？
　◆ 你知道愉悦表達性愛的方法嗎？

◆ 你曾摸過自己的身體享受身體的愉悅嗎？

身體的愉悅不過是另一種自愛的表達方式。但長期以來，身體上的滿足被貼上了負面標籤。東方教育方針是施比受更有福，但若不曾擁有，無法給予。自我滿足很重要的原因就是，自我愉悅之下才有辦法也給予對方愉悅的感覺。以下就來學習各種讓自己開心的方法吧！

讓自己開心的方法

首先，學習的第一種態度是不需要因為不懂而覺得丟人，在更遲之前，為了自己好好學習。但，要怎麼學呢？關於性的資訊通常都以非公開通道散布，所以跟美萊一樣性慾不強烈或對性的關心較少的人可能會覺得茫然或恐懼。這時，如果直接找刺激的色情片來看，有可能累積錯誤的知識或造成更大的反感。性愛入門第一階段：推薦自慰。如果自己可以讓身體感受到愉悅，自然產生興奮，下一個階段會更好。大文學家莎士比亞曾說：「想要真實對待自己，夜晚要不同於白天，忠實跟隨自己。那麼，你對任何人也不會說謊。」

男性普通在 14-17 歲開始出現自慰行為，10 幾歲時高達 1 週兩次以上的頻率，故滿 20 歲的時候至少有過一千次的自慰，當然就知道如何摸自己的身體可以產生愉悅。然而，女性開始

自慰的年紀非常分布不均，10 至 30 歲都有可能，次數也是有
1 週兩次至 3 個月一次。

　　我在諮商或講座上遇到的女性大部分都不曾自慰或不知道
該怎麼自慰。實際上有一位女性因為沒有感受過身體的愉悅，
而擔心自己是否有身體上的缺乏。當我問：「除了性愛，透過
自慰也沒辦法感受到嗎？」她卻回答不曾撫摸過自己的身體。
很多人努力在臉上擦化妝水、乳液、精華液等保養品，但卻未
摸過自己的陰唇，連看都沒看過。所以，我們一起了解如何一
個人感受身體知覺的方法吧！

　　方法很簡單。首先，指尖輕輕滑過外陰部，專注在皮膚的
觸感。接著，利用指尖畫圓輕撫整個外陰部，一樣要專注在皮
膚的觸感。畫圓大小慢慢縮，最後撫弄陰唇的周圍。假設皮膚
的觸感沒有問題，手稍微進入到陰道內部，確認陰道的觸覺是
很重要的一件事，一天一次，如果可以的話，用手指撫摸與感
受自己陰道內部的各處。這過程最少要進行半個月至一個月以
上，不要著急，每天都要重複做一遍。上述女性在實踐兩週後，
很開心地說：「天阿！有感覺了。原來不是我的身體有問題。」

　　但即使告訴大家方法，仍有許多女性在獨自實踐時，容易
3 分鐘熱度。因此，我召集各種內診者共同建立「20 天實踐房」
群組，彼此互相鼓勵打氣。在群組裡，除了性話題之外，也會

有一般話題。某天有一位女性提到：「可以看到孫子，太感謝了。」另一位 20 幾歲的女性才驚訝的發現群組裡也有 5、60 歲的人。是的，性是一生的愉悅，也是一生的煩惱。就像不是只有 20 歲的人需要保養皮膚，陰唇和陰道也是要終生撫摸的。

自慰是與最愛的自己做愛

　　女性自慰中，有一位號稱教母的人物存在，即是美國的性教育家貝蒂‧道森（Betty Dodson）。道森為了幫助女性的性解放，宣揚自慰的重要性，是改變社會風氣的大人物之一。她到了 80 歲還是持續傳授自慰方法，成為白髮先驅者。女性自慰約可分成八個階段，如下：

　　第一階段，看著鏡子對自己說我愛妳。雖然會尷尬害羞，但請以開朗的面容直視自己，也可以用甜美的聲音呼喊名字，舉起雙手環抱住自己：「我愛我自己」。

　　接下來，第二階段，泡熱水解開身體的緊張。可利用香氣、泡沫與音樂享受浪漫性感的氛圍。輕輕搓揉沾滿水和肥皂泡沫的身體，若性高潮湧現，可利用手指或手掌撫摸生殖器，配合呼吸，專注感受陰唇的感覺。

　　洗完身體擦乾後，站在鏡子面前進行第三階段。打開昏暗的燈光，看著自己的身體，喜愛自己的身體，遺忘身體上的缺

點，稱讚自己，想像自己是名畫中的裸體，優雅美麗。也可以想像自己是米開朗基羅的雕刻像，無論胖瘦大小，妳就是一項藝術品。

第四階段是自我按摩。在鏡子面前全身塗抹滋潤油。大拇指按壓頭與頸部的連接點。手掌畫圓輕撫肚子、大腿和小腿等地方，不要放過身體各處，好好感受。

第五階段來到生殖器的部分。透過鏡子反射觀看平時看不見的生殖器，張開大陰唇看看陰道內部如何構造，包括：樣貌、顏色、大小與觸感，找到陰唇的位置。一邊呼吸，一邊放鬆陰道和肛門，用指尖稍微撫摸陰道口和陰道內部，也可以摩擦陰唇。如果陰道流出濕潤的愛液，可以聞或嚐看看味道。

在第六階段可以試圖更大膽一點的動作。小時候曾經有過這樣的經驗嗎？關起房門，自我想像成為歌手，開演一人演唱會。今天，改以裸體的樣貌跳舞吧！擺出誘惑的姿勢進行自慰也是不錯的方法，陷入自我魅力。

玩夠了之後，在第七階段要改變氛圍。電影導演伍迪·艾倫（Woody Allen）定義自慰是「與最愛的自己做愛」。是的，我現在正和最愛的自己做愛。想一下自己喜歡什麼樣的感覺，抓住氣氛。

最後第八階段是感受性高潮。現在所有準備都結束了。身體已放鬆，心情也已消除緊張。兩手愛撫自己的身體，特別是

自認為的敏感帶。性高潮可能不會一次就成功，所以反而更不能焦躁，享受當下。

自慰是培養對性愛的關心度，促進性知覺的好方法。此外，自慰有助於提高自尊心，以及創造愛自己的效果。有一位60幾歲性冷淡的女性，她以為自己一生中不可能享受性愉悅，但她的生理機能一切正常，與另一半的性生活也很圓滿，卻會認為自己一次都沒有享受過，這是為什麼？

某天，她講了一件非常久遠的故事。國中時期，她到社區的公園玩，有一位不認識的叔叔把她叫到一個隱密地方，手伸進她的內衣裡。事發突然，她不知道該怎麼反應，只能站在那。那個男性說：「妳身上有髒東西，叔叔幫妳拿掉」。當時她還是個年幼少女，一股非常大的羞恥與恐懼湧上。我問她：「回家後有跟母親說嗎？」她回答：「家裡有各種狀況，媽媽當時非常辛苦。我不好開口說我的事。」

她說過去以來不曾對任何人說過當時的事情，40年的歲月裡，她一直懷著「我身上有髒東西」的想法，並產生性冷淡，甚至長期自尊心不足。她說：「跟丈夫做愛的時候，經常會有一股不安感，深怕他知道這件事會離開我。但我以為夫妻關係都是這樣，畢竟我們那年代也不是享受性愛的時代。」

　　過了花甲之年才要想要治療的她，經由諮商中學到的自慰
方法，認知到「我的身體不髒，並且是很珍貴美麗的地方」，
對她來說，自慰不僅是身體上的，也是心理上的慰藉。

離婚原因第一名不是「性格差異」，而是「性愛差異」

——改變性觀念

所有人類都是性愛動物，人類的誕生都因於性生活。

但因為經歷了不好的初次觸摸（性暴力、性騷擾等）導致我們遠離性愛。再者，強迫順從或解決對方性需求的義務文化，讓我們的肩膀承擔更重。就連社會也壓抑性，例如：維多利亞女王時代流行貞操帶，禁止自慰，甚至在街道上貼滿禁止海報。傳聞自慰會眼瞎、蝕骨；懷孕中做愛會生出性早熟的孩子。

大家知道美國家樂氏麥片的起源嗎？開始居住在美洲大陸的清教徒當初為了防止青少年自慰，所以製造植物性食品餵食他們。

而人類的性生活研究發展從二十世紀才開始。但英國出版《性心理（The Psychology of Sex）》一書，被該國揭示為淫穢作品，列入違禁書，僅有醫學專家可以閱讀。

韓國身於儒教文化圈，對性也是相當保守、封閉與壓抑。

1955 年發行的報紙曾有一篇報導，俗稱「好色之徒朴仁秀事件」。這位男性對數十名女性假借婚姻之名實行姦淫。不過，這當中的處女，也就是未曾有過性經驗的女性僅有一位。那時，法官居然說了以下這段話：「法律只能保護嫻淑女性的健全純潔貞操。貞操是女性的命。」這樣說的話，難道非第一次性經驗的女性貞操就沒有保護的價值嗎？而這樣荒唐的「貞操觀念」竟然近年也有發生。2018 年某一個性暴力事件中，法官判決時也使用了「貞操」一詞。是的，即使到了 2020 年，婦產科仍然有處女膜修復手術，依舊認為婚前純潔是女性的品德。

不同信念導致的悲劇

女性純潔與貞操非常重要的這種社會認知，造就了個人想法，而這些個人想法流傳好幾世代。

我曾經遇過一名男性說：「女朋友長得很溫順，所以跟她交往了。小時候就從母親那聽了很多次：要小心性感的女人，遇見那種女性會家破人亡。」他將母親的教誨視為信念，必須要遇到好女人。模範生的他非常乖巧聽父母的話長大，也有一位已訂婚的女朋友。然而，兩人的初夜，這位男性問女朋友：「妳是第一次，對吧？」她的回答竟然不是。雖然已經訂婚了，

但這位男性覺得自己被騙，須盡快跟她分手。

另外還有一位男性，談了一場純純的戀愛。婚禮結束後，兩人過了初夜。「據我所知，第一次性經驗應該會很痛，還會流血，但她完全沒有。我被蒙在鼓裡了！」他說他感覺自己跟一個淫亂的女性結婚，深感背叛，再也不相信女性的過往。這位男性尋求諮詢的理由是想問如何摸透女性的過往。他自覺另一半不是處女，想要確認自己的懷疑對不對？如果以前有其他的男性，現在是否乾淨斷絕關係了？以及和自己發生性關係的同時，有沒有找新的男性？甚至不知道女性腦海在想什麼而感到不安。

聽完這些故事後，大家有什麼想法？覺得這些男性遇到風流女性很可憐嗎？還是覺得這個男性不正常呢？

假設與配偶的性觀念不同，會發生什麼事？答案是悲劇的開始。

通常覺得「可以跟對方結婚」的男女，在結婚住在一起後，才會發現原來兩人如此不同。比如：會把襪子丟進洗衣機裡的男子和東西一定得歸位的女子；吃完飯 1 小時後才整理的人和喜歡馬上整理的人；重視儲蓄的男人和愛享受當下的女人……。性愛也是差異點之一。

問題是，襪子能不能丟進洗衣機裡可以討論，但社會風氣

禁止我們討論性愛，即使有不滿，也說不出口，直到忍到無可忍，瞬間爆發。

這裡還要記住一點：變化的始端不是「對方」，而是「自己」。每次遇到相處不好的夫妻的時候，我一定都會聽到這個問題：「我的另一半會改變嗎？」我們總是努力想要改變對方，心裡想著，你是錯的，我是對的，所以你要修正你的行為。但我們卻從不好奇為什麼對方會做這個行為。

在諮商中我就常常看見，某一方說：「我快累死了。這段試煉何時會結束？」另一方立刻回應：「就你累嗎？我更累。」也有僅諮商一次的夫妻抱怨：「那個人完全沒有變。」

佛教有個說法是，難忘懷的事情得要解開心結，如果太多糾結，要解開的心結也會更多。改變關係的速度不能快，不過每解開一個心結，便能看到對方的辛苦，以及反省無情的自己。當心中的冰塊開始融化後，熱氣就會慢慢散開，千萬別忘了，要一直到冰塊完全融化為止喔。

能與不能越過的線
──出軌行為與真實的欲求

　　這世界上最困難的事情是什麼？大概就是「保持適度」吧？油膩食物吃多了會造成肥胖，但為了追求乾扁身材都不吃也很危險。性愛也是，無須把它想成骯髒沉重的東西，但也要防止過度追求性愛破壞自己的生活與家庭。

聽過觀戰俱樂部嗎？

　　40 歲的尚民有一天前來請求我的協助。他穿著乾淨俐落、微笑溫暖，身為成功的企業 CEO，無論物質或時間都不缺。問題在於他想要追求強烈的快感。白天沒事他會去色情按摩店或其他色情場所，甚至受邀請至可以看到「3P」的地方，是偷偷營運的會員制觀戰俱樂部。

　　尚民說到自己何時開始去這種地方的時候，大約是在 20 幾歲出頭，會跟朋友們去一兩次，結婚後更常去了，尤其在妻

子因懷孕生產而中斷性關係後，更常去這些地方。詢問他與妻子的關係如何？他說「家庭沒有任何問題，也跟妻子有定期的性關係。」他劃界線：「這只是個人興趣罷了。」對他而言，妻子是妻子；誘惑是誘惑。

他表示，自己在 30 歲時遇見了妻子，交往到某一程度後，妻子說：「我們是不是該結婚了？」雖然不是非常愛她，但也算是不錯的女性，於是兩人就結婚了。新婚時期，妻子常生氣抱怨尚民不愛他，所以他為了妻子搬到更好的家，換更貴的車子，以為這樣就能填補妻子的心。

但，爭吵不斷反覆重演。尚民也不是不顧家，其他朋友下班後都會去喝酒或打高爾夫球，他都回家幫忙做家事，像是幫孩子洗澡、哄睡和洗衣服都是尚民負責的。然而，妻子的面容沒有開懷大笑的一天。這種生活重複上演，以至於他下班回家之前需要一個暫時休憩的地方，他曾經會在車裡自慰後才回家，這種「獨處時間」變長後，漸漸開始往色情場所跑。尚民很好奇這樣的自己是否為正常？有辦法戒掉這個習慣嗎？

年近五十想要出軌？

擁有細長身高與好感型外貌的振厚年紀 40 歲後半，是位在大企業發光發熱的菁英。無論是金錢、名譽、學歷、家庭與

外貌通通不遜色的他，只有一個煩惱：「我馬上就要 50 歲了。但我這一生都活得像模範生，從小聽媽媽的話讀書，長大後都奉獻給妻子，在職場上也是盡最大的努力工作。我覺得這樣的自己太可憐了。」為什麼這樣的煩惱要來到性諮商中心？我感到錯愕。於是他接著說：「所以啊！現在我想見見其他女性，那種可以懂我內心真實想法，讓我感受到悸動的女性。」

　　振厚平日工作，假日和家人一起露營，住在江南公寓，在大企業裡仍然有展望的未來，而且孩子們也都平安長大，成績也不錯。他過著人人稱羨的生活，卻不快樂，和妻子處於性冷淡狀態已經 4 年了，我問他是否有想要與妻子一同接受性關係諮商，他立刻回答：「算了吧！」可見妻子的位置在他心中已空了許久。

　　他談到結婚初期，妻子因給婆家的零用錢表示不滿，說緊湊的月薪生活要每月給婆家 50 萬韓元的零用錢，負擔太大。但振厚認為，結婚時因為有他父母贈送的公寓，他們才能過得比別人安定，看到妻子不懷抱感恩的心，捨不得給零用錢，讓他太失望：「我看錯人了，我還以為他是禮貌端莊的女性。」

　　除了金錢問題外，還有被判定患有胰臟癌的振厚母親。當時要上班的他真的無法抽出時間，希望妻子能代替自己看護母親，結果妻子每週只去一次。雖然孩子小，但他認為孩子可以託付娘家。而他母親在住院一個月後過世了，他也對妻子關上

心房，從 4 年前的那天起，這對夫妻變成同住的陌生人。

事已至此，振厚覺得孤單和淒涼。國高中時期忙於入學考試，沒能談過一次青澀的戀愛讓他感到委屈。20 歲後約會的女性都不是自己喜歡的，而是母親想要的。他想要在一生當中感受一次最原始的性愛，那種全身火熱到暈眩的那種性愛。自己告訴自己不能再這樣活下去的振厚，又受限於道德價值觀，被捆住手腳無法動彈。

從性的問題，看見真正想要的生活

這類型的煩惱只限於這兩位男性嗎？撇開男女不談，每個人結婚後都會對自己突如其來的角色改變有負擔。通常男性背負成為一家之主的重擔，負責家庭的經濟來源。另一方面，女性不再是戀愛時期可愛又多情的女朋友，成為一位撫養孩子的媽媽。結婚前，「我與你」的生活為優先順位，但結婚後，兩人為了守護這個家庭，忙於工作和育兒。

真的有很多人因另一半而傷心，如：「妻子變了。談戀愛的時候，我生病都會買粥給我吃，但現在一發燒，就會被唸『不能管好你的身體嗎？傳染給孩子怎麼辦。』太令我傷心了。」這麼看來，對丈夫或妻子而言，家庭都不再是休憩的地方。

還有某一位男性說自己下班後回到家不知道該坐哪裡才

好，因為主臥是妻子的，次臥是孩子的。想要在客廳休息，妻子說「孩子在讀書，關電視」，只好改滑手機，結果又被唸「別再滑手機了！」

女性的情形也大同小異。職場媽媽們都會說這句：「上一個連假，公司說需要值班，我立刻挺身而出。與其待在家裡，不如到公司上班更舒服。」

回到前面兩位男性的案例。這兩位男性該如何是好？對自己大喊「振作」就可以了嗎？最根本的原因依然存在。尤其男性相較於女性，情感溝通能力不足，面對狀況時經常鑽到洞穴裡，不接受也不解決（所謂的迴避型）。然後妻子看到躲進洞穴的丈夫，對他大吼大叫：「現在給我出來，不然我要進去了！」

尚民與振厚不一樣，他對自己的行為感到抱歉與罪惡感，想要改正自己的行為。因此，我用以下方式與尚民一起歸納他想要的生活：

◆ 想要什麼？（want）

◆ 為了取得想要的東西，正在做什麼事？（doing）

◆ 此行為能有效獲得想要的東西嗎？（evaluation）

我們自己有時候在生活中會看不見道路，這時候試著歸納自己想要的生活，會出現燈幫助照亮路途的效果。雖然想要

的生活可能不是那麼輕易可見，但還是要盡可能拿掉複雜的情感，走出霧霾，探索自己真正想要的路。找尋這條路的時候，可以問自己兩個問題：「萬一我只能再活一個禮拜，我想怎麼度過？」、「如果我有阿拉神燈，我想對精靈許願什麼樣的生活？」

尚民對這兩個問題的回答是「我想要環遊世界。」、「我想遇見金髮女郎。」接著開始說各種慾望。一開始他淨說一些做不到的事情，接著他漸漸在可以做到的範圍講出自己想要的事物。後來，他回想起結婚初期與妻子夢想在首爾郊外蓋一棟庭園住宅，至今妻子都還在說那件事。尚民在一個月後買了土地蓋了房子，完成庭園住宅夢想。

除了諮商以外，尚民也上了夫妻關係課程，發現自己在日常生活裡逃避大於接應妻子的對話。尚民說當妻子要求「幫忙洗碗」時，有時候也會不想洗碗。他認為既然夫妻各自分攤職場工作與家事，所以沒有必要洗碗，但又不想違背妻子的意思，便答應「嗯」。不過，現在他也會說：「妳今天累了吧！我在看電視中，等這個結束就去。」也會表明自己的想法：「我今天太累了，想休息。」他放棄當一個善良的丈夫，變成一個忠實自己慾望的丈夫。但夫妻間的關係在這樣的瑣細的對話之中有了變化，性關係也會有所改變。現在，尚民很享受夫妻互相追求性幻想的性生活（聽說是在臥室天花板上掛鏡子）。

　　振厚呢？到第三次諮商之前，他都感到鬱悶並抱怨自己作為老實的職員、好丈夫與體貼爸爸的生活，但感覺他心中還有更深的議題要處理。

　　第四次諮商終於打開那道門了。原來，他小時候是一個喜歡隨筆記錄和畫畫的少年，可是現在成了一位與個性不符的會計。夢想浪漫愛情的 10 幾歲少年不見了，只剩下在這抱怨妻子的自己。他選會計和妻子都是受到母親的影響，為什麼母親的存在對他影響這麼大？

　　他母親是一位非常溫暖的人，他在青春期反抗父親的強壓而離家出走時，母親都會挨家挨戶探訪朋友家，把他找回來。母親說「快回家吧」的時候，他推開母親的手，往外逃了。在諮商室說著說著的振厚流下眼淚，因為沒出息的兒子，他媽媽每天過得提心吊膽，他有說不清的抱歉。

　　聽完這故事後，我再次問他：「想要有什麼樣的生活？想要什麼？」他終於說：「我想要跟妻子恢復關係，也想要解決性冷淡問題。」原本討厭的妻子反照出母親的模樣，令他產生不捨。妻子只專於他，他卻像以前對待母親的那樣拋下妻子。另一方面，他也想起媽媽不被父親愛的模樣，不想要過得跟他父親一樣。

玩交友軟體的另一半

　　除了上述兩個男性案例，是因為某些原因而越線或想越線，也有因為配偶真的性出軌而尋求諮商的人。

　　智恩是一個老實的妻子兼兩個孩子的媽。某天，丈夫的手機在洗澡中途響了，女人的直覺下，她走過去看，手機畫面跳出的是某款 APP 一位未知的女性訊息。她好奇「這什麼？」點進去之後，裡面全是前所未見的淫穢言語。驚嚇之際，她在丈夫從浴室出來之前，趕緊把 APP 名字記下後，把手機放回原位。

　　那天晚上，等到丈夫睡著後，智恩全身發抖，用自己的手機下載了那款 APP。那是男女交友軟體，丈夫看起來大概只有訊息聊天而已，但她非常害怕，流下眼淚：「為什麼他會玩那個？到底都做了些什麼？」在那之後的一整個星期，智恩一有空就會打開軟體，開始找像是丈夫的使用者，一個一個追尋蹤跡。「天啊！」原來她的丈夫會在留言板上傳自己的性器照片，到處留言。

　　智恩一面懷疑那是自己認識的丈夫嗎？一面煩惱：「是因為我不夠滿足他嗎？」在百般折磨的心情之下，她最後受不了，拿出手機對丈夫：「我在你的手機裡看到這個。」丈夫卻反咬一口，生氣表示為什麼要隨便看別人的手機。

　　面對丈夫第一次生氣，智恩嚇到了。「我以為他會說：只是無聊罷了。」

　　丈夫的態度與智恩期待相反，彷彿犯下滔天大罪被發現的人……。那天，兩人不自覺都大聲吼叫。智恩說：「你怎麼可以這樣？你是這種變態嗎？不覺得丟人嗎？」丈夫也不甘示弱。後來，他們吵醒睡著的孩子，智恩開始大哭，丈夫則大力甩玄關門出去了。智恩一邊哄小孩，一邊想：「我們之間有什麼問題嗎？男性世界本來就是這樣嗎？」

你是偽善之人，還是善與滿足自己的欲求？

　　如前述，與其著重結果後的行為，找出原因更重要。人在發現配偶出軌外遇的時候，一定都會受到很大的傷害。面對如此艱困與辛苦的關係，約翰·鮑比將它稱作剝奪（deprivation）。跟智恩遇到同樣狀況的諮商者，都會很好奇配偶的狀態，以及展開自我幻想，漸漸沈浸在事態嚴重的腳本中，結果比起配偶出軌事實，自己對出軌的解讀造成更深的傷害。

　　即使不獨自想像，直接問當事者也差不多。大多數人問丈夫：「你這是怎麼回事？」不想被妻子發現的羞恥性生活被抬上水面，丈夫都會因而慌張否認：「不，這是誤會。」而妻子

通常會快速再提出更明確的證據，彷彿警察審訊犯人，要對方盡快坦白。全部赤裸攤出證據後，丈夫可能終於說出實話，而且產生能拿我怎樣，或心裡踏實輕鬆的心情。至於妻子呢？反而在丈夫全盤說出後陷入痛苦深淵，但這時候丈夫去安慰或接近偵探般的妻子也很奇怪。

所幸，智恩的狀況是丈夫先開口說要接受諮商。丈夫感受到自己做錯，產生罪惡感，而且不知道要怎麼做才能解開妻子的心結。這類的衝突是重新檢視夫妻關係的好機會。智恩的丈夫表示，他是一個很在乎自由和興趣的人，結婚前就加入社會人士棒球社團。雖然是唯一的愛好，但在結婚生子後，妻子非常反對她參加棒球社團。他也對一人獨自照顧孩子的妻子感到抱歉，認為自己太自私，所以放棄了棒球。後來，打棒球的時間都拿來滑手機，過一段時間後，開始玩起交友軟體。

丈夫很懊悔，想要戒掉這個愛好，重新找回健全的家庭。智恩的丈夫也是那種屬於不會說出自己辛苦的一面，忍耐的「偽善丈夫」。我建議他：「重新開始打棒球，如何？」他回答：「妻子會不喜歡。」「您覺得自己很為妻子著想吧？但你每件事都禮讓妻子，最後不還是做出最讓妻子受傷的行為嗎？」

後來，他終於醒悟，就算成了只想顧及自己興趣的「壞」丈夫，也要找回愛好，他計畫週末和家人一起參與棒球社團。當他訴說棒球的時候，臉上充滿笑容，他也開始看見妻子智恩

的困境，由原本被發現的罪人回到守護妻子的丈夫。

用愛來治癒吧！

　　治療傷心與孤獨的處方籤是？答案是愛。自己渴求關心與愛的另一半如果愛上另一個人，無法承受他離開自己的那一刻，我們會自動放棄身體與心靈的操控權。像智恩的情形是出現呼吸急促症狀。偶爾會有很奇怪的呼吸，丈夫還一度以為「妻子要罵他」。

　　若想恢復症狀，必須找回身體與心靈的所有權。心平氣和接受已知事實，不要被自我感受壓垮，而產生憤怒或躊躇，邁出步伐仔細觀察吧！我向智恩夫妻兩人提出解決方法。

　　第一、發生呼吸急促時，兩人緊抱。愛情的力量可以治療心臟疼痛，一隻手放在背上，一隻手摸頭。

　　第二、和妻子一起找回呼吸節奏。輕輕按壓心臟部位吸氣與吐氣。每一個呼吸數 10 秒，每分鐘呼吸六次。跟著喊數一同呼吸，直到恢復原本狀態。吸氣時數一、二、三、四、五；吐氣時數五、四、三、二、一，重複到恢復本來的呼吸節奏。

　　第三、當妻子恢復呼吸後再次擁抱。

　　第四、詢問呼吸急促時產生什麼想法，傾聽妻子說話。不要認為妻子在批評自己，以客觀的角度聆聽。

受傷的配偶要向加害者一方打開心房，得鼓起勇氣誠實說出自己的喪失感與痛苦，與其著重在對方的錯誤，把焦點放在自己深層的情感，明確向對方表達自我情感才是最重要的。

至於加害的配偶聆聽後要開始理解對方。在這過程中，如果產生防禦或迴避態度可能會造成對方更大的傷害。請不要執著具體狀況，把心思放在另一半的傷口，真心看著他：「對不起，讓你感到這麼不安。」

我們遇到難以承受的事情時，都會努力想要忘記過去，但如果真的想要脫離過去，必須積極感受與理解過去，以及放下緊握的情感。兩人共同解決會更快。

後來，智恩和丈夫一點一點回歸正常生活了，兩人偶爾也會把孩子寄託娘家去約會。丈夫表示：「雖然有一段時間明顯尷尬，但一過了這段時間，一切變得很棒。」曾經以為不會結束的冬天，但大自然會告訴我們：春天即將來臨……

附錄

融化僵硬身體的方法
——改善陰道痙攣

　　無論多努力，還是有很多女性的陰道緊到陰莖無法插入。雖然有可能是因為第一次性經驗的關係，但如果是有經驗的男女在無法順利插入時都會很擔心，通常遇到這個狀況的女性會說：

　　「我的身體動彈不得了。」

　　「我的陰道口似乎關閉了。」

　　「連用鐵鎚都打不開。」

　　「如果有人可以幫我疏通就好了。」

　　「好像只有我這樣，我太孤單傷心了。」

　　這種現象稱作陰道痙攣，患陰道痙攣的女性會出現下列問題：

- ◆ 性關係中，感受到炙熱的疼痛。
- ◆ 性關係中，腿與腰部出現痙攣現象。
- ◆ 性關係中，呼吸中斷。
- ◆ 插入困難或無法的狀態。
- ◆ 因疼痛與插入失敗，逃避發生性關係。
- ◆ 害怕使用衛生棉條或婦產科檢查。

　　陰道痙攣是一種身心疾病，未曾經歷過的人無法體會其痛苦與鬱悶。就醫時，若聽到「經常做愛就好了」或「生完小孩就會好了」，反而受到更大的傷害。那麼該怎麼辦？以下分階段介紹九成以上的女性都能改善的方法。

第一階段：情感檢視

　　探究患有陰道痙攣的女性，過去通常都有非自願的經驗或不好的記憶。例如 30 出頭的一位女性在國小時因大腿內側受傷而送入醫院，在醫院發生令她感覺很糟的事情。陌生的叔叔

（醫生）打開自己的雙腳到處看，雖然可能是很稀鬆平常的治療，但對年幼孩子來説，很是害怕。在那之後，這位女性絕對不去婦產科，結婚 3 年期間，一次都沒有插入做愛。男性試圖插入時，陰道口就會自動感到緊張，出現僵硬現象。就像銀行關門時，感應器會自動拉下鐵捲門，陰道口感覺有東西靠近時，立即自動關上門。

美國精神科醫學家威廉·葛拉瑟（William Glasser）將人類的身體行為分成四種：行動、思考、感受與身體反應。也就是説，身體負面的思考傳入大腦，我們的感受與身體反應出現關閉動作。因此，我們的目標是要改變行動與思考，身體的負面反應要改成正面模式。這過程中藉由想像、手指與振動器練習後，最後在嘗試陰莖插入時會舒適很多。

陰莖插入陰道有困難，原因也可能是在初次的身體接觸中發生不好的經驗。其他身體上的疾病也有可能引發原因，建議到醫院接受正確的診斷與治療過程。不過，如上述提及的案例女性害怕醫院和醫生，那她的第一目標是到醫院，接著分好幾階段，一步一步克服恐懼。

寫故事表達身體，有助於認知自己身體的負面思考模式與行動。負面思考模式會以行動表現或產生固定思維。首先，寫

下恐懼與擔憂，用文字表達自我情感的同時，也寫下接續發生的身體反應，將身體發生的每一件事都仔細寫下來。

◆（如果是情侶）插入有困難的時候，如何與另一半進行性關係？

◆（如果是單身）談戀愛時，無法插入做愛對彼此的關係有何影響？

◆ 如果插入做愛不會痛的話，會有什麼正面效果？請具體描述。

而以社會角度，女性的「下方」是必須隱藏的地方，是害羞的地方。因此，遇見自己是很重要的。親近與熟悉自己的身體，讓身體產生自信。親近自己身體的方法就是前面所學的骨盆底肌運動。如果能在運動過程中明白「這部分不是被動的地方，而是自己可以主動的地方」，便能產生自信與輕鬆感覺。

男性的生殖器顯露在外部，輕鬆就能知道它的長相與機能，但女性不一樣。靜靜不動，女性的生殖器被陰唇覆蓋，若想看內部長相，需要鏡子與好的照明，故許多女性可能一次都沒有看過它長怎樣，如何動。

另外，大多女性都不會去嘗試與自己的身體親近，所以現

在我們以解剖學角度認識女性的身體構造吧！以圓形時鐘為比喻作說明，例如：陰唇是 12 點。首先要準備像臥室一樣舒服的個人空間、鏡子、照明燈、滋潤油、輕鬆音樂和費洛蒙香水。洗完澡後脫下衣。下方墊枕頭或氣墊幫助身體平穩，膝蓋跪著，臀部坐到地板上，身體呈現坐姿。開始前，先深呼吸，不安與恐懼湧上的話，平靜看著自己，並肯定自己：「膽小害怕沒關係，妳不是在傷害自己。」

深深吸一口氣，吐氣。兩腳中間慢慢放鏡子，觀賞自己的性器。相較於內陰部（陰道），外陰部比較容易看見。每個人身體構造不同。手指輕輕靠近外陰部，專注感覺手指的觸感。窺探緊張不安的自我情感。重新編程自己的身體，與它親近的第一關很重要。

第二階段：骨盆底肌運動

與年紀和性別無關，不了解自己身體的人很多。假設 12 點方向是陰毛和恥骨，輕輕按壓恥骨，感受一下。大陰唇位在生殖器兩側厚實的地方，成雙成對覆蓋保護陰道口和內部，大陰唇在 3 點與 9 點鐘方向。大陰唇稍微張開後可以看到小陰唇，

光滑無毛，依據每個人不同，呈現粉紅色、紫紅色或褐色，小陰唇也在 3 點與 9 點鐘方向。

陰蒂分為看得見與看不見的部分。看得見的部分是覆蓋 12 點鐘方向的陰蒂的陰蒂表皮，內部的陰蒂長得像小顆的膚色珍珠。這裡有八千多條神經線流經，是遊戲的核心點。許多女性在陰蒂刺激的時候，心情會變好，引起性興奮。冰山一角可以看見的地方只是非常小的部分，還有藏在陰蒂與陰唇後方或往肛門方向的器官。整個陰蒂約有一萬五千條神經線流經。

下一個是尿道。陰蒂往下是尿道，將尿液排出身體之外的路徑。觀察大陰唇、小陰唇和尿道在哪裡。尿道的下方就是陰道口，專注感受這部位的知覺觸感，不要去想它的口徑大小或能不能插入的問題。陰道口和周圍肌肉收縮，陰道口會縮小至緊閉。月經血流和男性插入射精都是透過陰道，為了保護子宮，陰道會產生有益細菌和有害細菌。

生殖器的最下方是肛門，位於 6 點鐘方向。會陰部是指陰道口與肛門之間的部位。若能知道陰道以外還有各種部位，有助於分散只著重在陰道口的注意力。熟悉身體的性部位，自然會產生自信，心情平穩。

　　了解自己的身體不羞恥，它反而是放鬆陰道肌肉痙攣的重要過程。骨盆底肌如果從恥骨到尾骨都僵硬，骨盆腔底會呈現八字狀。骨盆底肌是有助於小便、性高潮、懷孕和生產的組織。但若過度反應也會防止任何東西進入陰道內部。這部位的肌肉若能自我控制，就能享受無痛插入。因此，非常建議可以做凱格爾運動。在此幫助大家回想正確的運動方式：

1. 坐在馬桶上解小便時，雙腳打開比平常寬。
2. 暫停小便，感受這時候運用的肌肉。
3. 重新放鬆，繼續解小便。
4. 慢慢重複停止和放鬆的動作，閉上眼睛想像哪一個肌肉在動。
5. 解小便 1-2 秒後暫停。
6. 直到排尿結束前，繼續做收縮放鬆運動。

　　自我意識控制收縮放鬆肌肉，在剛開始的時候可能不如預期順利，像是有些女性覺得暫停小便困難，代表骨盆底肌無力。不過別驚慌，只要培養好骨盆底肌的力量，問題即可解決。

　　陰道口裡面的陰道長得像圓形長條水管，每一面都有彈性。沿著內處，藉由小汗腺促發性喚醒，陰道被分泌的薄黏液包圍，有助於享受性愛，讓陰道在日常生活中保持濕潤。性關

係中，陰道內部產生的愉悅通常與骨盆底肌連結，始於手指、陰莖或口部按壓陰蒂或陰道周圍的刺激（不一定會每個部位都喜歡，但一定有自己喜歡的部位）。

　　感受自我控制骨盆底肌！這點很重要。經由反覆的運動，恢復調節力。坐在馬桶上訓練熟悉後可嘗試各種姿勢，如：躺著、坐著或站著等。這時候最重要的兩個要點：第一、找到正確的肌肉位置；第二、持續培養這部位肌肉的力量。對這個運動產生自信後，換句話說，確信自己完全學會收縮與放鬆之後，骨盆底肌訓練方法結合以下幾種模式進行：

　　◆ 規律模式
　　3 秒收縮骨盆底肌→ 3 秒停止→ 3 秒放鬆

　　◆ 快速模式
　　1 秒強力收縮骨盆底肌→ 1 秒放鬆（盡可能快速動作）

　　◆ 慢速模式
　　利用骨盆底肌慢慢夾緊陰唇，盡可能推至遠處，直到骨盆底。接著，慢慢解開往下放鬆。

不必使用很多力氣，專注於找尋肌肉位置。「適合自己的次數」全權由自己決定。可以試試看以 28 天的時間規劃屬於自己的秘訣吧！

例如，我的 4 週任務，規律模式、慢速模式和快速模式的反覆進行計畫：

第 1 週：每天 15 下 3 組

第 2 週：每天 20 下 3 組

第 3 週：每天 30 下 3 組

第 4 週：每天 40 下 3 組

第三階段：與陰道口相遇

下一個練習是手指與陰道相遇的階段。在第二階段中，我們透過骨盆底肌運動學到收縮與放鬆的方法，讓陰道呈現放鬆的狀態，幫助手指能夠輕輕插入陰道內部。大部分的陰道都有彈力，能夠無痛接受平均大小的陰莖。但如果產生緊張反應，陰道周圍的肌肉會出現反射性動作，關上陰道口。將手指插入陰道內時，可藉由放鬆陰道肌肉訓練身體適應。當身體開始接受後，就能更輕鬆自我控制。

「到第二階段都很圓滿成功，但一想到手指插入，一股鬱悶與恐懼湧上。極度緊張之下，會產生『我一定要做嗎？』的想法。鼓起勇氣，配合呼吸，指尖稍微插入的時候，跟以前完全不一樣，一點都不覺得痛。而且還能具體感受到此部位的肌肉收縮作用是從左邊下方產生。」曾經試過的人這樣跟我分享。

現在正式開始訓練吧！事前準備包括香氛和音樂製造的溫暖氣氛、衛生紙、椰子油，以及乾淨的手。手指一定要塗抹潤滑劑。步驟如下：

1. 骨盆底肌收縮與放鬆重複五次。這時候將意識放在抖動的陰道口，想像收縮與放鬆的模樣。告訴自己現在手指可以進去。

2. 坐著或躺著狀態中，豎起一邊的腳，找到陰道口，將手指放在周圍。重複深呼吸五次。最後一次的時候，完全放鬆並將手指插入陰道口。

3. 若這時發生痙攣，不用慌，慢慢吸氣收縮，吐氣放鬆。陰道口在放鬆的同時，插入手指。一開始，有可能會失敗。任誰都不可能一開始就做得好，安慰自己：「沒關係！不過是我身體一部分的手指，重新再來一次吧！」

4. 手指進入陰道後，稍作暫停。反覆收縮與放鬆陰道肌肉，

感受陰道內部。有什麼感覺？身體在跟你說什麼？在短
短幾分鐘熟悉身體的知覺，等待自己不再感受到疼痛。
還有，再次安慰自己：「做得好。」

5. 手指插入身體內，探索陰道。感覺應該跟手指放進嘴裡
   是一樣的。

6. 現在小心抽出手指。恭喜妳！學會了如何自我允許有東
   西進入陰道內。真棒。

這次，換另一種練習：

1. 在心平氣和的地方，從 12 點方向開始感受外陰部周圍。
   輕輕抓拉大陰唇和小陰唇。

2. 利用手指進行陰道之旅。先反覆骨盆底肌運動五次。

3. 卸下緊張，在放鬆的時候指尖插入。

4. 利用手指找到 2 點鐘與 10 點鐘間其他地方的焦點。骨
   盆底肌收縮放鬆的同時，感受陰道內部的變化。

5. 手指悄悄按壓 12 點鐘方向，接著 3 點鐘、6 點鐘和 9
   點鐘順時針循環。這時深呼吸，按壓放鬆各維持 20 秒。

6. 體驗陰道內部各部位知覺的質感及多樣化。藉由新知覺
   代替恐懼。

扣上探索自己身體之旅的第一顆鈕扣。這中間當然還是會發生緊張，因為身體警報器不可能一下子就重設完畢。只要記得自己可以控制自己的身體，好好安慰自己。練習結束後，請試著回答下列問題：

- 仔細觀察生殖器部位後，有什麼感覺？
- 手指靠近身體的時候，產生什麼情感？請具體描述。

第一次嘗試失敗也不要放棄，一開始都是這樣的。身體已知道緊張的感覺，現在要讓制定計畫，讓身體有其他不同的反應。第一次練習手指插入後，用文字寫下自己身心的變化，以及送禮物給做得好的自己，準備一束花、一杯咖啡、一本書或一趟旅行都很好。另外，若與配偶之間不夠相愛，這個練習則無法持續，所以，首先要自我了解內心。

第四階段：階段式減少負面反應

插入運動準備。一般人對前面手指插入的訓練會誤解是「這是為了擴大陰道口的訓練嗎？」其實插入成功與否跟陰道口大小無關，所以根本不需要擴大陰道口。而實際上，陰道可

以張開到生孩子的程度。

手指訓練的目的是藉由新的肌肉記憶面對過去恐懼的記憶。持續練習感受自己，打開曾關上的陰道，開始可以接受一兩隻手指的插入。利用比陰莖小的手指開始練習，接受度會慢慢變得越來越大。當對手指插入的負面情感消失，身體知覺平靜後，陰莖插入也會沒有問題。即使未患有陰道痙攣，許多經歷這個過程的女性對手指插入都會產生恐懼與不安的想法。這種情感可能會越演越烈，如果糾結在這份情感上，插入將會變得困難。

系統減敏感法（Systematic desensitization），是指逐漸提高強度面對特定恐懼對象的方法。利用手指重新設定自我身體反應是一件非常美妙的事，彷彿靠近顫抖害怕的身體，訴說：「可怕吧？你很害怕吧？沒關係，沒事的，真的太累的話，可以放棄的，不用勉強自己。願意相信跟隨自己嗎？那我們一步一步來吧！」

比較眨眼和陰道肌肉的自然反應，就能懂其中道理了。眨眼原本是可輕鬆用自我意識控制，但當手要去戳眼的時候呢？因為啟動防禦作用，自動出現眨眼反應。因此，當手指接近，感到恐懼的時候，陰道也會出現強烈反應。現在慢慢減少這種

反應，心情平穩有助於減輕陰道痙攣的強度與頻率。漸進式地和身體產生親密感之後，創造新的情感反應。重點如下：

◆ 在插入陰道的手指上塗抹椰子油。

◆ 排除電話或電視等會分心的事物。

◆ 極大化放鬆自己的身體。跟著呼吸冥想一遍。泡澡也是不錯的方法。

◆ 開始第一隻手指插入運動，上下左右感受其中的舒適。

◆ 插入前，反覆做收縮放鬆運動鬆解陰道的緊張。

◆ 身體完全放鬆的時候，插入手指，感受身體知覺。

◆ 生理期間暫時中斷這個訓練。

　　這次，藉由了解身體姿勢幫助插入順利。插入運動的同時，找到最舒適的姿勢很重要。以最一般的姿勢舉例，跟躺在床上觀察生殖器的姿勢差不多，打開雙腳，稍微跪膝。與蹲地很像，但這姿勢有助於陰道口自動打開。

　　如果手指插入沒有問題，接下來可以試著振動器插入，不要直接跳到陰莖插入，先找跟另一半差不多尺寸的振動器嘗試插入。開始前，先確定下列事項：

　　首先，準確推測另一半的尺寸，準備大小差不多的玩具。

現在幫這個玩具取一個親密的暱稱。親密暱稱是降低自我恐懼的有效方法之一，例如：小可愛、調皮鬼、棉花糖等，發揮自己的創意力。

陰道口抹上潤滑劑，慢慢深呼吸，放鬆身體。陰道肌肉收縮放鬆重複三遍，最後一次放鬆時，手放到大陰唇上。

和自己的身體對話，跟它介紹新朋友。這時候，傾聽身體的故事，當身體說：「討厭！害怕，我不要見新朋友，可以不要摸嗎？」告訴它：「原來你很害怕！抱歉，讓你承受這般恐懼。但我不忍心再看心愛的男人受苦的樣子，所以現在非常需要你的幫助，我們見朋友一次面，可以嗎？你跟手指相處得不錯啊！放心，真的不喜歡的話，不用過於勉強。」對自己親切的說說話。

接著，以小可愛（振動器名）按壓陰唇和陰道口周圍，傾聽每個瞬間自己身體的聲音。身體和小可愛相見的時候，想像自己希望的自我反應，患有陰道痙攣的情形下，重新呼吸進行幾次的收縮與放鬆運動，第一次的試圖插入需要在沒有負擔的狀態下進行。但也是要照著順序選擇提起勇氣的那一刻。

放鬆時吐氣，進入陰道 1 公分。停留這個地方，熟悉感覺。我們已經成功了，通過插入最困難的陰道口。盡情享受陰道內

的小可愛與想像，可以多做幾次收縮放鬆運動，仔細品嚐小可愛。

　　痙攣漸漸鎮定下來，找回平靜。這時，小心翼翼抽出小可愛。恭喜你，身體可以安全感受有東西進入陰道！這樣的體驗非常重要，讓身心明白「原來什麼事都不會發生！」

　　現在拉長時間。增加插入時間，將新知覺建構在身體的記憶，削弱原本的不安，大幅減少陰道痙攣的反應。增加插入時間的同時，可訓練陰道肌肉 5-10 分鐘在相同刺激裡有不同的反應。若目前使用小可愛最長可以達到 10 分鐘，小可愛插入後，觀賞電視或閱讀書籍都是不錯的方法。不要練習太久，根據自己的身體狀態練習，重點在於將原本的恐懼或不安轉換成平靜舒適。

第五階段：轉換成性關係（與陰莖相遇）

　　恭喜你成功完成小可愛的插入，現在準備正式陰莖插入。我們都知道走到這一步，中間過程不容易，能到這裡就已經是非常了不起的成果。熟悉自我控制陰道肌肉的方法，現在也可以像小可愛一樣，進行另一半的性器插入。

插入運動開始前,需要一點時間讓陰道熟悉一下陰莖。陰莖先和外陰部打招呼,依序往陰蒂、陰唇、小陰唇、尿道⋯⋯和各個部位和平相處,盡可能在陰莖勃起前後都感受一遍。

現在,正式邀請另一半完全勃起的性器進入陰道,這時候要與另一半配合呼吸。在第一次練習中,需調整另一半的衝動,不能無理直接插入,因為這樣有可能引來混亂,造成兩人失敗的結果。

先聽聽練習者的分享:「利用小可愛練習後,想到要陰莖插入又開始緊張了,陰道周圍開始僵硬。不過,這時候丈夫溫柔抱著我,安慰我說不做也沒關係。眼淚不知不覺唏哩嘩啦,於是重新提起勇氣。小可愛都能做好⋯⋯帶著這個想法,丈夫的陰莖塗抹滋潤油重新靠近陰道口。重複收縮放鬆運動,想像小可愛插入的感覺,照同樣的模式插入陰莖的龜頭部分。雖然瞬間會緊張有點不舒服,但通過入口後,一切就都很美好了。」有很多人表示通過入口後,心情就軟綿綿和覺得很舒服。

開始前,準備一個心情放鬆的地方,空間要夠溫暖,太冷容易引起緊張。回想一下自己穿的衣服輕不輕鬆,是否容易脫掉,專注在自己的放鬆。如果可以就全身泡澡,在浴缸裡放鬆

彼此的身體，互相塗抹滋潤油，放鬆全身。轉移注意力，不要把焦點放在陰莖插入這件事上，全神貫注於彼此身體的愉悅。燈光稍微有點昏暗，在小可愛與陰道口上都塗抹潤滑劑。

　　放進小可愛，在這個狀態下，女性可在上方，看著另一半的陰莖和臉龐。雖然另一半的性器勃起，但在性高潮來臨之前，先用手刺激。接著，抽出小可愛，讓陰莖移到陰道口，伴隨呼吸收縮放鬆，陰道終於和龜頭相見了。感受一下龜頭在入口的感覺，插入 1 公分，專注力放在陰道內部的感覺。

　　與小可愛不一樣的是，陰莖是活生生的性器，想像身體和陰莖兩人之間的對話，也許陰莖會對陰道這麼說：「你好！很高興見到你！我很想見你，但你過去很害怕對吧？真的很謝謝你克服一切，與我見面。我想感受你、愛你。」

　　現在重複幾遍收縮放鬆運動，讓陰道肌肉完全放鬆。另一半的陰莖慢慢一點一點更深入，這時別忘了呼吸。這是一個非常了不起的階段，接受曾經非常恐懼害怕的事。突然的痛苦與痙攣可能會讓過去以來的努力化為泡沫，感到罪惡感。所以告訴自己：「沒關係，情有可原。」扶持當下的情感。不要害怕或生氣，也可以稍微停一下。陰道口總會在重要時刻出現痙攣，如果想要龜頭成功插入，需要分好幾階段進行。抽出陰莖，喘

氣和暫時休息。

　　透過下一個過程，逐漸插入整個陰莖，重新開始。第一次插入成功，產生自信心，有助於掌控陰道痙攣，感受彼此的親密。「你好，陰道！我們一起享受吧！一起去見與心愛男人最珍貴的部位。它不會攻擊你，而會愛你。」

　　由於勃起的陰莖本身沒有潤滑功能。所以龜頭和陰唇或陰蒂打招呼，這時最重要的是輕柔緩慢移動，是這整個插入過程中最重要的部分。現在一起完全放鬆，感受自己的興奮感。若還留有一點緊張，跟另一半要求撫摸其他性敏感帶（耳朵、胸部、陰蒂），重複收縮與放鬆陰道口。鬆開陰道肌肉，漸漸就能感受到興奮。

　　不要一次性深度插入，可將陰莖分為五等份，如：今天只有龜頭插入，隔天增加 1 公分，分批進行。一開始，插入後先不動，陰莖靜靜待在陰道，感受內部的感覺，這樣有效幫助身心適應新感覺。藉由深呼吸放鬆肌肉的緊張。

　　成功第一次深度插入後，先別動，重複收縮與放鬆運動，雖然可能會又出現緊張或痙攣反應，但那只是長期以來造成的反應，絕不是失敗。調節收縮放鬆與呼吸直到完全控制痙攣。如果能完全放鬆，代表準備好往下一步活塞運動。但如果還是

有痙攣反應，以下有幾種和陰莖變親近的方法：

◆ 確認滋潤油是否塗抹充足。在這個階段不容易達到興奮分泌愛液，所以要持續追加滋潤，防止疼痛。

◆ 插入時使用保險套，可能會讓陰道無法充分感受。所以請試用各種品牌尋找符合形狀與質感的保險套。

◆ 受到性刺激時，身體更容易放鬆。這個過程自然有助陰道潤滑與軟化。

假設陰道痙攣持續反應，需要檢視一下自己的練習過程，換言之，需要規律練習，例如：「試圖跟丈夫進行陰莖插入，結果陰道肌肉又開始緊張了。最近太忙，隔了 2 個月。之前那麼努力，是出了什麼問題嗎？」

另外，在試圖陰莖插入的過程中，也要確認兩人的關係如何。因為身體試圖對話的時候，彼此的心意很重要，假設因為育兒或婆家問題發生衝突，建議延後練習比較好，需要身心都平靜的時候進行。

回想一下是否有情感因素導致恐懼產生，影響陰莖成功插入，如：害怕懷孕成為媽媽？害怕懷孕要去婦產科產檢？害怕成功插入後，必須維持這段關係？覺得練習的自己不正常？

第六階段：肉體的親密感

終於來到最後一個階段。這一路上，辛苦了。最後一個階段與其說是消除痛苦的感覺，不如說是在愉悅過程中增加與另一半的互動。所有過程的積極目標不只是感覺平靜與舒適，還有增加親密感與歡樂。想要一起體驗最棒的性高潮嗎？

心理學上，系統減敏感法是協助在反覆突破的過程中，減少因負面或厭惡刺激而產生的情感反應。從現在開始，把它變成愉悅、好的感受吧！打個比方，我們學游泳是為了當掉入水裡的時候可以確保自身安全。一剛開始學游泳的時候要先學會浮出水面，下一步才是學習技巧。而我們前面的過程就像是在學身體如何浮出水面。學會游泳或騎腳踏車的我們不會去想應該怎麼行動，而是在享受身體浸到水裡或騎在腳踏車上面的時光。所以我們的目標是身體隨著時間不再對插入而有所緊張，並且能夠享受身體與身體之間有趣的部分。

最後一階段的進行如下：

首先，大家可能會問如果已經有好多年沒有肉體上的親密，是否還能產生性慾。其實，是透過身體與身體間的相遇是能夠製造慾望的。接下來告訴大家如何製造慾望，若能與另一

半學習這個方法會更好。

　　準備一個心情放鬆又私人的空間，燈光昏暗，營造舒適芳香的氛圍，播放 Alpha 波音樂，室內溫度保暖。一起沖澡的時候，互相幫忙搓揉沐浴乳，四目交接，時不時擁抱和親吻。這過程也算一種性愛，拋開性愛是陰道插入的傳統觀念，彼此按摩放鬆身體。按摩方法沒有固定，但不是那種筋膜放鬆的強力按壓，而要性感的接觸按摩，喚醒全身性的感覺。女性騎在上面插入時，感受彼此是否有足夠的興奮，接著龜頭慢慢進去跟陰道見面。這時重要的是男性要持續撫摸胸部與陰蒂。假設女性突然產生陰道痙攣，慢慢收縮放鬆及深呼吸，我們要學習移動時不發生痙攣。

　　聽聽練習者的分享：「第一次知道自己也能享受這過程。利用小可愛探索陰道內部各處，發現在 10 點鐘方向能感受到刺激。丈夫陰莖插入後，對準角度刺激那個地方就能有同樣的感受。把焦點放在好的地方，便忘了自己曾經患有陰道痙攣的事實。」

　　習慣女性在上方的姿勢後，可以改換其他體位。如果會害怕的話，不用勉強自己。當另一半想要加快速度時，利用臀部調節速度。保持呼吸，藉由收縮放鬆運動卸下身體的緊張。適

應需要一點時間，別焦躁，創造屬於兩人的互動，體驗各種身體不同的享受，如活塞運動、上下摩擦。練習一陣子後，就能「抓到感覺了！」增加一點滋潤油可以促進互動更加舒服。陰道肌肉的痙攣會隨著時間逐漸消失，等到痙攣帶來的不舒服完全消失後，即可慢慢增加移動速度。

　　一位曾經因陰道痙攣受苦的女性在完成訓練後，留下了這樣的感想：「因為陰道痙攣與它帶來的壓迫感，導致我與丈夫的性關係不好。但因為有丈夫在每個階段的鼓勵與支持，讓我有了重新開始的勇氣。都不知道過去結婚 3 年是怎麼度過的。」還有一位因為想要懷孕而決定改善陰道痙攣問題的女性在訓練後，不僅成功達到目的，也才明白丈夫因為自己頻繁的拒絕感到很辛苦。現在不僅可以陰莖插入，還能利用手指和口部進行，滿足彼此的需求，並回應「現在我也能主動開口說要做愛，彷彿回到戀愛時的生活」。許多女性煩惱陰道痙攣的問題，但它不是永遠無法解決，只要鼓起勇氣，一定可以變好的！

高寶書版集團
gobooks.com.tw

新視野 New Window 255
性愛心理師的大人親密必修課：教你從身體到心靈都越做越愛
관계 디자인

作　　者	朴昭鈴（박소영）
譯　　者	陳彥樺
主　　編	楊雅筑
封面設計	黃馨儀
內頁編排	賴姵均
企　　劃	鍾惠鈞

發 行 人	朱凱蕾
出　　版	英屬維京群島商高寶國際有限公司台灣分公司
	Global Group Holdings, Ltd.
地　　址	台北市內湖區洲子街 88 號 3 樓
網　　址	gobooks.com.tw
電　　話	(02) 27992788
電　　郵	readers@gobooks.com.tw（讀者服務部）
傳　　真	出版部 (02) 27990909　行銷部 (02) 27993088
郵政劃撥	19394552
戶　　名	英屬維京群島商高寶國際有限公司台灣分公司
發　　行	英屬維京群島商高寶國際有限公司台灣分公司
初版日期	2022 年 12 月

관계디자인 : 닫혀있던몸과마음이열리는바디솔루션
Copyright ©2021 by Park so young
Published by arrangement with Garden-of-Books Publishing Company.
All rights reserved.
Taiwan mandarin translation copyright ©2022 by GLOBAL GROUP HOLDING LTD.
Taiwan mandarin translation rights arranged with Garden-of-Books Publishing Company.
through M.J. Agency.

國家圖書館出版品預行編目（CIP）資料

性愛心理師的大人親密必修課：教你從身體到心靈都越
做越愛 / 朴昭鈴著；陳彥樺譯. -- 初版. -- 臺北市：英屬
維京群島商高寶國際有限公司臺灣分公司, 2022.12
　　面；　公分 . -- (新視野 255)

譯自 : 관계 디자인 : 닫혀 있던 몸과 마음이 열리는
바디 솔루션

ISBN 978-986-506-628-4 (平裝)

1.CST: 性心理

172.7　　　　　　　　　　　　　　111021349